JN115328

中国が抱える
9つの
国際問題

立命館大学客員教授
キヤノングローバル戦略研究所 研究主幹
内閣官房参与

宮家邦彦 著

ビジネス教育出版社

はじめに

このところ、中国の対外強硬姿勢を批判する内容の報道や論評が増えている。だが、専門家ならいざ知らず、社会人や学生など一般の人々であれば、そもそも実際の中国がどんな対外問題を抱えているのか、そうした問題の本質や根源は何なのかにつき、詳しく知る人は意外に少ないのではないか。本書は、知的好奇心は人一倍旺盛であっても、個々の問題をあまり詳しく掘り下げている暇のない、あなたのような忙しい知的エリートのために書かれたものだ。

本書では現代中国外交が抱える諸問題の中から9つを取り上げている。それぞれにつき、問題の所在を正確かつ客観的に理解できるよう、問題の歴史的経緯や法的側面も含め、出来るだけ分かりやすく、かつ中立的に書き下している。中国のことがちょっと気になる若い世代はもちろんのこと、中国はけしからんと思っているシニア世代にも気楽に読めるよう、必要にして十分な情報だけを厳選して書き込んだつもりだ。

しかし、経済学にマクロ経済とミクロ経済があるように、中国もマクロとミクロの両面から見る必要がある。中国とは決して一枚岩の国家ではなく、多種多様な文化を包含する人口14億人の巨大な集合体だからだ。複雑で長い歴史を持つ中国の対外政策が抱える諸問題を、より総合的、戦略的に理解するためには、ミクロの個別問題だけでなく、中国を取り巻く現在の国際環境やその歴史的経緯についても、マクロ的、大局的視点を持

つことが不可欠である。

　そこで本書では、最初の９章で現代中国が抱える９つの国際問題につき、その歴史的経緯、法的側面と今後の見通しを、それぞれ概説する。これに加え最終章では、現代の中国が如何なる歴史の流れの中にあるかを、１９３０年代の東アジア情勢、特に日本の台頭と比較しながら分析する。各論に関心のある読者はまず第一章から、大局論から入りたい読者は最終章から、それぞれ読み始めて頂ければ幸いである。

　なお、本書の執筆にあたっては、資料収集から事実関係のチェックまで、気鋭の中国研究者で在香港日本国総領事館や外務省で中国分析を担当した藤見陽太氏から多大かつ的確なる知的支援をいただいた。内容については、関係各国の公式文書等を踏まえつつ、可能な限り客観的に記述するよう努めたつもりだが、万一、不正確な点があれば、それは全て筆者の責任である。また、この内容は如何なる意味でも、日本政府を含む特定の組織や団体の見解を代表するものではない点についても、ご理解を賜りたい。本書により、読者の皆さんの中国理解が一層深まることを願っている。

宮家邦彦

第 一 章

尖閣諸島

基本中の基本

　尖閣諸島は石垣島の北方約130 - 150キロの海域に点在する島嶼群である。同諸島は現在日本が実効支配しているが、中国と台湾が領有権を主張している。尖閣諸島が位置する東シナ海は太平洋西部の縁海で、北は対馬海峡を通じ日本海、東は南西諸島を挟んで太平洋（フィリピン海）、南南西は台湾海峡を通じて南シナ海、北西は黄海にそれぞれ接する重要な海域である。近年は中国の公船・軍艦が尖閣周辺への接近頻度を高めており、日中間で懸案となっている。

中華人民共和国

面積	約960万平方キロメートル（日本の約26倍）
人口	約14億人
GPD	13.61兆ドル
兵力	総兵力推定約203.5万人 （陸軍約97.5万人、海軍約25万人、空軍約39.5万人、ロケット軍（戦略ミサイル部隊）約12万人、戦略支援部隊約14.5万人、その他約15万人）
国防費	約20兆2,881億円

日本

面積	377,900 km²
人口	1.265億人（2018年）
GPD	4.971兆ドル
兵力	227442人
国防費	5兆2574億円

▌忙しい人用　1分で分かる尖閣問題

　国際法上、特定の領土に対する領有権の主張（「領有権原」）の根拠としては、売買、交換、割譲など譲渡によるもの、無主地の先有、土地の拡大による添付、時効などがある。通説によれば、一般に領有権を主張するには、古文書や地図での記述や地理的近さではなく、国家が明確な領有の意思を持って、継続的かつ平和的に領有主権を行使することが必要とされる。

　尖閣問題に関する日本政府の基本的立場は、「尖閣諸島が我

が国固有の領土であることは、歴史的にも国際法上も疑いのないところであり、現に我が国はこれを有効に支配している。尖閣諸島をめぐり、解決すべき領有権の問題は存在していない[1]」というものだ。要するに、領有権問題について、日本は交渉の対象にする気はないということである。

　これに対し中国側は、「釣魚島及びその付属島嶼は、中国の領土の不可分の一部である。歴史、地理、法理の如何なる角度から見ても、釣魚島及びその付属島嶼は中国固有の領土であり、中国はそれに対して争う余地のない主権を有している」と反論する[2]。要するに、日本との間には領土について未解決の問題があると整理しているのだ。

　歴史を振り返れば、尖閣諸島は19世紀末に日本が慎重に調査した上で、国際法に基づき領有権を宣言し、実効支配を始めている。当時中国（清朝）は尖閣に対する領有権を主張しておらず、中国が同諸島を実効支配した事実もない。尖閣に対し中国や台湾（中華民国）が領有権を主張し始めたのは、同諸島付近でガス田が発見された1971年以降のことである。

　1972年の国交正常化の際、尖閣問題は日中間の懸案の一つであった。中国側は当時日中はこの問題を「棚上げ」することで一致したと主張する。これに対し、日本側は日中が尖閣諸島の領有権をめぐり「棚上げ」で合意した事実はないという[3]。2010年以降、尖閣諸島をめぐり日中の海上警察活動などが特に活発化しており、両国間に問題解決の糸口は見えない。

　尖閣列島が日米安保の対象か否かについては、2014年の日米共同声明で、日米安保条約上の米国の義務は「尖閣諸島を含め、日本の施政の下にある全ての領域に及ぶ」「米国は尖閣諸島に

対する日本の施政を損おうとするいかなる一方的な行動にも反対する」としている[4]。

　尖閣列島は中国の大陸棚上にある唯一の外国領土でもあり[5]、中国が経済的、政治的に妥協して尖閣列島の領有権を放棄する可能性は極めて低い。今後とも中国は尖閣列島に対する軍事的圧力を強めながら、同地域と周辺海域の実効支配拡大の機会を粘り強く狙っていくだろう。これに対し、日本側は当面、尖閣実行支配の「現状維持」に最大限努めていくことになる。

▌ もう少し詳しく知りたい人が読む部分

歴史的経緯

１、1971年以前

　19世紀末に日本は沖縄を統合し尖閣の実効支配を始めたが、清国に対する配慮から尖閣列島には慎重な調査を行うのみだった。その後尖閣は、日清戦争中に日本領土に正式編入され、鰹節業などを営む日本人が数十年居住したが、1940年には無人島化した。その後1969年に国連機関が尖閣列島付近で資源を発見するまで、中国が尖閣領有権を主張したことはなかった。

1879年	明治政府が琉球王国を沖縄県として統合（琉球処分）
1885年	尖閣諸島に国標を建立する沖縄県の案を外務省は却下。以降、日本は尖閣諸島の現地調査を何度も行い、同地域が無人島であるだけでなく、清国を含むいずれの国の支配も及んでいない土地であることを慎重に確認。
1894年7月	日清戦争始まる
1895年1月	日本、国標建立を認める閣議決定し、正式に日本の領土に編入
1895年4月	日清戦争の下関条約が調印、清は台湾、澎湖諸島等を日本に割譲
1896年	日本の商人・古賀辰四郎、政府から魚釣島等四島の30年無償貸与を受ける
1932年	その息子の古賀善次、政府から有償払い下げを受ける
1940年	戦時下の燃料不足で鰹節工場が閉鎖され、島は再び無人となる
1945年8月	日本、敗戦（ポツダム宣言受諾）、第二次世界大戦終わる
1946年1月	尖閣諸島を含む南西諸島、米軍の直接管理下に入る
1952年4月	サンフランシスコ平和条約発効、尖閣を含む南西諸島は米国の施政下に入る
1969年5月	国連機関（ECAFE）、尖閣周辺海域に石油埋蔵資源が豊富とする報告書発表

2、1971年以降

1971年に入り、台湾（中華民国）と中国（中華人民共和国）が相次いで尖閣に対する「領有権」を主張し始めたが、当時は日中、米中国交正常化の直前でもあり、尖閣領有権問題の取り扱いは外交的にも非常に機微な問題であった。尖閣の領有権問題については、現在も「日中間の理解は一致していない」と言わざるを得ないが、この点については後述する。

1971年6月	中華民国（台湾）外交部、尖閣領有権を主張
1971年 12月	中国（中華人民共和国）外交部、尖閣領有権を主張
1972年	米中国交正常化、日中国交正常化
1975年	宮沢喜一外相答弁（衆議院予算委員会　10月22日） 「いわゆる棚上げという形で日中の条約交渉が行われているという事実はございません。」
1978年	鄧小平副総理の福田赳夫総理に対する発言 「こういう問題は一時棚上げしても構わないと思う。十年棚上げしても構わない。」
1979年	園田直外相答弁　（衆議院外務委員会　5月30日） 「（日本の実効支配を）誇示して相手をことさら刺激する必要はない。」

3、1990年代以降

1991年の在フィリピン駐留米軍撤退後、中国の態度が徐々に変化し始める。翌92年2月には「領海及び接続水域法」を発布

し、魚釣島（中国名：釣魚島）を含む南シナ海、東シナ海の島嶼に対する領有権を法律に書き込み、諸外国にその領有意思を表明した。爾来、中国は南シナ海での人工島建設や尖閣周辺への公船・軍艦派遣などを通じ自己主張を強めつつある。

1991年	在フィリピン駐留米軍の撤退決定
1992年 2月25日	全人代、「領海及び接続水域法」を採択。同法2条で「釣魚島」に言及。
2008年12月8日以降	中国公船、尖閣諸島周辺海域へ継続的かつ頻繁に侵入を繰り返す
2010年9月	第一次尖閣事件
2012年4月	第二次尖閣事件（「国有化」事件）
2012年	中国政府、声明で魚釣島及びその付属島嶼の領海基線を公布

4、2013年〜現在まで

　二回の尖閣事件以降、中国は尖閣諸島に対する態度を一層硬化させ、同諸島の接続水域や領海に対する接近・侵入の頻度を高めている。一般に米国は他国同士の領有権問題について立場を明らかにしない姿勢を取っているが、2014年、オバマ大統領は、「対日防衛義務を定めた日米安保条約第5条の尖閣諸島へ適用」を首脳レベルで明言・明文化するようになった。

2013年	中国政府、一方的に東シナ海上空に「防空識別区」を設定
2013年4月	中国外交部、「釣魚島は当然、中国の核心的利益に属する」と述べる
2014年4月25日	米国、日米共同声明で日米安全保障条約の下でのコミットメントは「尖閣諸島を含め、日本の施政の下にある全ての領域に及ぶ。この文脈において、米国は、尖閣諸島に対する日本の施政を損おうとするいかなる一方的な行動にも反対する」と述べ、尖閣諸島への日米安保条約第5条の適用を確認[6]
2014年11月7日	日中外務次官級合意 「第三項：双方は、尖閣諸島等東シナ海の海域において近年緊張状態が生じていることについて異なる見解を有していると認識し、対話と協議を通じて、情勢の悪化を防ぐとともに、危機管理メカニズムを構築し、不測の事態の発生を回避することで意見の一致をみた。」
2015年12月	機関砲搭載の中国公船が尖閣の接続水域への入域と領海侵入を行う
2016年6月9日	中国海軍艦艇、初めて尖閣諸島の接続水域に入域。
2017年8月1日	日本政府、東シナ海中間線付近の中国側海域でのガス田開発拡大に抗議
2018年1月11日	中国の潜水艦と軍艦、尖閣諸島の接続水域に入域
2018年5月9日	安倍首相、李克強総理と東シナ海「海空連絡メカニズム」運用開始で合意

2018年 6月29日	中国海軍所属の病院船、尖閣諸島の接続水域に入域
2018年 6月	中国海警局、中央軍事委員会指揮下の人民武装部隊に編入される
2018年 10月4日	ペンス米副大統領、尖閣諸島は日本の施政権下にあると明言
2019年 8月18日	東シナ海で5月、中国戦闘機が海自護衛艦を標的に攻撃訓練した疑い浮上
2020年 1-4月	中国公船による尖閣諸島接近が過去最多となる
2020年 4月	空母「遼寧」・ミサイル駆逐艦など計6隻、宮古海峡を通過後に往復する （宮古海峡通過は最初が2016年12月、2度目は2018年4月、3度目は2019年6月）
2020年 6月	中国、海警が解放軍と共同訓練し、戦時には軍の指揮下に入る「人民武装警察法」改正案を可決
2020年 6月22日	沖縄県石垣市議会、尖閣諸島の住所地の字名を変更する議案を可決
2020年 8月29日	河野防衛相と米国防長官、尖閣が安保条約第5条適用対象だと改めて確認
2020年 11月 12日	菅義偉首相、バイデン次期米大統領と電話会談。バイデン氏は「安保条約第5条の尖閣諸島への適用についてコミットする」と発言。 同日　中国外交部報道官、「釣魚島は中国固有の領土である」、「日米安保は冷戦の産物である」と発言

日本の主張[7]

○尖閣諸島が日本固有の領土であることは、歴史的にも国際法
　上も疑いのないところであり、現にわが国はこれを有効に支
　配している。従って、尖閣諸島をめぐり解決すべき領有権の
　問題はそもそも存在していない。

○日本は1885年以来沖縄県を通じて何回も尖閣諸島を現地調査
　した上で1895年１月に国標設置等を閣議決定し、正式に日本
　領土に編入した。

○その後、中国は一貫して尖閣諸島についての領土要求をして
　こなかった。自分の領土だと主張し始めたのは1968年秋に行
　われた国連機関による調査の結果、東シナ海に石油埋蔵の可
　能性があるとの指摘を受けて尖閣諸島に注目が集まった1970
　年以降のことである。

中国の反論[8]

○釣魚島及びその付属島嶼は、中国の領土の不可分の一部であ
　る。歴史、地理、法理のいかなる角度から見ても、釣魚島及
　びその付属島嶼は中国固有の領土であり、中国はそれに対し
　て争う余地のない主権を有している。

○日本人が釣魚島をいわゆる「発見」する以前に、中国は釣魚
　島及びその付属島嶼に対して既に数百年にわたって管轄を実
　施してきた。日本が1895年に甲午戦争[9]を利用し、釣魚島を
　秘密裏に自国の版図に「編入」し、いわゆる「先占」原則に
　よって釣魚島を「無主地」として主権を主張した。日本のこ
　のような行為は国際法の領土取得の関連規則に著しく背いて
　おり、中国の領土を占拠した不法行為であり、国際法条の効

力を有さない。

○1952年以降、米国がそのいわゆる「信託統治」の範囲を勝手に拡大し、不法に中国の釣魚島及び村付属島嶼をその中に取り入れた。1972年、米国は釣魚島及びその付属島嶼の施政権を日本に「返還」した。米国と日本が中国領土をひそかに引き渡した行為には、何ら法的効力もなく、中国はそれに断固反対する。

○日本が釣魚島に対して如何なる一方的な措置を取っても、釣魚島及びその付属島嶼が中国に属するという事実を変えることはできない。国家領土及び主権を守るという中国政府の決意と意思は確固たるものであり、世界反ファシズム戦争の勝利の成果を守る決意は決して揺るぎない。我々は日本が歴史事実と国際法理を踏みにじる行為を打ち砕き、地域の平和と秩序を守る自信と能力を持っている。

いわゆる「棚上げ論」について

　中国側は、1972年の日中国交正常化交渉、1978年の平和友好条約批准時の日中対話の際に尖閣諸島問題は「棚上げ」され、日中共同開発の協議を行うことで合意されたと主張する。これに対し、日本側は「棚上げ論」について中国側と合意した事実はないとしている。その根拠として日本側は次の事実を挙げている。

○日本の歴代外相は一貫して「いわゆる棚上げという形で日中の条約交渉が行われているという事実はない」「尖閣諸島は明治28年以来、わが国固有の領土となっており、また、現に

わが国の有効な施政権のもとにある」[10]と答弁している。

○1978年、日中平和友好条約批准書の交換のため来日した鄧小平副首相は福田赳夫首相に対し、「こういう問題は一時棚上げしても構わないと思う。十年棚上げしても構わない」と発言したが、これは、鄧小平副首相の一方的発言であり、日本側がこれに同意した訳ではない。

○1972年9月の日中首脳会談で周恩来総理は田中角栄総理に対し、「尖閣諸島問題については、今回は話したくない。今、これを話すのは良くない。石油が出るから、これが問題になった。石油が出なければ、台湾も米国も問題にしない。」と述べている。

○1978年10月の日中首脳会談で鄧小平副総理は福田赳夫総理に対し、「(尖閣問題は)今回のような会談の席上に持ち出さなくてもよい問題である。・・・次の世代は、われわれよりももっと知恵があり、この問題を解決できるだろう。」と一方的に述べた。

○中国が1992年に尖閣諸島を中国領土と記載した領海法を制定したことや、2008年以降、公船を尖閣諸島沖に派遣して領海にも度々侵入すると言った力による現状変更を試みていることは、「棚上げ」合意が存在したとする中国自身の主張と矛盾する。

国際法的な議論

日中の主張を国際法の観点から見れば、次の通りである。

中国側は、「1895年の不平等な「馬関条約（下関条約）」によって、釣魚島及びその付属島嶼は台湾島の付属島嶼としてとも

に日本に割譲された。第二次世界大戦後、カイロ宣言、ポツダム宣言、日本降伏文書などの法的文書によって、釣魚島及びその付属島嶼は中国に返還された。」と主張する。

　これに対し、日本側は次の通り反論する。

○尖閣諸島は1895年５月発効の日清戦争の戦後処理（下関条約）で日本に割譲された台湾、澎湖諸島には含まれていない。中国が尖閣諸島を台湾の一部と考えていなかったことは、サンフランシスコ平和条約第３条に基づき米国の施政下に置かれた地域に同諸島が含まれている事実に対し、従来何ら異議を唱えなかったことからも明らかであり、中華民国は1952年８月発行の日華平和条約でサンフランシスコ平和条約を追認している。

○第二次世界大戦後、日本の領土を法的に確定した1952年４月発効のサンフランシスコ平和条約において、尖閣諸島は、同条第２条に基づきわが国が放棄した領土には含まれていない。同条約３条で米国の施政権下に入り、1972年５月発効の琉球諸島及び大東諸島に関する日本国とアメリカ合衆国との間の協定（沖縄返還協定）によりわが国に施政権が返還された地域の中に含まれている。

○1943年のカイロ宣言は台湾・膨湖諸島の返還を明記しているが、沖縄については何ら記載がない。1951年８月、サンフランシスコ講和条約についての周恩来の声明も、尖閣諸島については一切触れていない。1958年、中国は「領海宣言」を発出したが、同宣言は南シナ海の島嶼に言及している一方、尖閣諸島への言及はない。

今後の見通し【以下は筆者の個人的な分析】

　近い将来日中が尖閣諸島に対する双方の主張を変えることは考えられず、尖閣をめぐる日中間の対立は長期化するだろう。中国側は引き続き尖閣諸島周辺の排他的経済水域や日本領海への侵入を定期的に継続する可能性が高い。日本側は今後尖閣諸島周辺に派遣される中国側公船・軍艦が一層大型化、重武装化していく可能性を念頭に置く必要がある。

　米国は尖閣諸島に対する日本の実効支配を認めた上で、対日防衛義務を定めた日米安保条約第５条の同諸島への適用を表明し続けるだろう。但し、尖閣諸島をめぐり日中の対立が先鋭化する場合、米国の対日軍事支援の具体的態様や程度等は実際の現場での状況次第となる可能性が高い。

　いずれにせよ、当面は、米国が尖閣諸島に対する安保条約５条の適用に言及することはあっても、尖閣諸島の領有権の帰属自体について立場を明らかにすることはないと思われる。

　一方、中国は「海洋強国」に向けた長期戦略を立てており、尖閣についても漁船（海洋民兵）、海警などの公船、解放軍海軍艦船などを使い分けながら、尖閣に対する日本の防衛能力や意図をテストし続けるだろう。それと同時に、万一日米、特に日本の防衛能力や意志の低下があれば、そうした「力の真空」を突いて、中国による尖閣諸島の実効支配開始の機会を探るものと思われる。

第二章

南シナ海

基本中の基本

　南シナ海とは、北は中国南部と台湾、東のフィリピン、西の
ベトナムと南のマレーシア、ブルネイ、インドネシア、シンガ
ポール、タイ、カンボジアに囲まれた、数多くの小島やサンゴ
礁が浮かぶ太平洋北西部の広大な海域である。日本にとっては
ペルシャ・アラブ湾岸地域へ至るシーレーンの一部であるが、
最近は、中国が同海域の島嶼・岩礁の領有権などを主張し、一
部岩礁に人工島や軍事施設を建設するに至り、現場水域での軍
事的緊張や国際法的論争が高まっている。

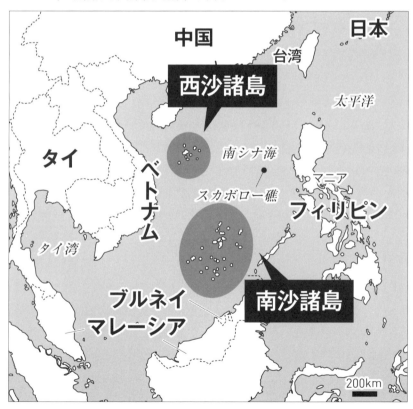

中華人民共和国

面積	約960万平方キロメートル（日本の約26倍）
人口	約14億人
GPD	13.61兆ドル
兵力	総兵力推定約203.5万人 （陸軍約97.5万人、海軍約25万人、空軍約39.5万人、ロケット軍（戦略ミサイル部隊）約12万人、戦略支援部隊約14.5万人、その他約15万人）
国防費	約20兆2,881億円

フィリピン共和国

面積	299,404平方キロメートル（日本の約8割）。7,109の島々がある。
人口	約1億98万人（2015年フィリピン国勢調査）
GPD	3,568億ドル
兵力	正規軍14万人／予備役13万人
国防費	予算 約3,869億円（2019年）

ベトナム社会主義共和国

面積	32万9,241平方キロメートル
人口	約9,467万人（2018年、越統計総局）
GPD	約2,372億米ドル
兵力	正規軍48.2万人（陸軍　約41.2万人、海軍　約4万人、防空・空軍　約3万人）（2017年）
国防費	予算 43.2億ドル（2017年）

マレーシア

面積	約33万平方キロメートル（日本の約0.9倍）
人口	約3,200万人（2017年マレーシア統計局）
GPD	約3300億ドル（2017年）
兵力	正規軍10.9万人（陸軍8万人、海軍1.4万人、空軍1.5万人）
国防費	3,700百万ドル（2017年予算）

ブルネイ・ダルサラーム国

面積	5,765平方キロメートル（三重県とほぼ同じ）
人口	42.1万人（2017年）
GPD	121億米ドル（2017年）
兵力	陸海空三軍の合計約8,000人（陸軍：約6,000人、海軍：約1,000人、空軍：約1,000人）。（2017年、出典：ブルネイ国防省） また、英グルカ兵約1,650名（現役約650人、退役約1,000人）が王宮等主要な建物の警備に当たっている。
国防費	3億6千万ドル

インドネシア共和国

面積	約192万平方キロメートル（日本の約5倍）
人口	約2.55億人（2015年、インドネシア政府統計）
GPD	10,422億ドル
兵力	正規軍39万5,500人（陸軍30万400、海軍6万5,000、空軍3万100）（IISS, Military Balance 2017）
国防費	約76億ドル

シンガポール共和国

面積	約720平方キロメートル（東京23区と同程度）
人口	約564万人（うちシンガポール人・永住者は399万人）（2019年1月）
GPD	約3597億ドル
兵力	約正規軍68,500人（陸軍50,000人、海軍5000人、空軍13,500人）2015年
国防費	約114億ドル

カンボジア王国

面積	18.1万平方キロメートル（日本の約2分の1弱）
人口	16.3百万人（2018年IMF推定値）
GPD	約241億米ドル（2018年、IMF推定値）
兵力	約12万人
国防費	約220百万米ドル（2018年予算法より）

タイ王国

面積	51万4,000平方キロメートル（日本の約1.4倍）
人口	6,891万人（2017年）（タイ国勢調査）
GPD	4,872億ドル（名目、2018年、IMF）
兵力	正規36万850人（陸軍245,000人、海軍69,850人、空軍46,000人）（2018年版ミリタリーバランス）
国防費	72億ドル

忙しい人用　1分で分かる南シナ海問題

　中国は1992年2月の領海法及び接続水域法により、中国の領土は「台湾及び釣魚島（原文ママ）を含むその付属する各島」、「東沙、西沙、中沙、南沙諸島」を含むと定め、中国領海内における「外国商船の無害通航に対する通知、軍艦艇に対する許可」を求めている[11]。これは事実上、南シナ海を「内海化」する意図の表明とみられる。

　これに対し、南シナ海に利害関係を有する地域の国々は南シナ海の島嶼や岩礁に対しそれぞれ領有権を主張し、中国と対立している[12]。パラセル諸島（西沙諸島）は中国以外に台湾（中華民国）、ベトナムが、またスプラトリー諸島（南沙諸島）に対しては台湾、ベトナム、マレーシア、フィリピン、ブルネイの5か国が、それぞれ領有権を主張している。

　従来米国はこの種の領有権争いについて「立場を明確にしない」中立的政策を維持してきたが、2020年7月、ポンペイオ米国務長官は、南シナ海での中国の領有権主張と威嚇的行為が「完全に不法」であり、今後は中国独自の「九段線」を「国際法上根拠がない」と判断した2016年の常駐仲裁裁判所の判断を尊重するとの公式声明を発表している[13]。

　中国の南シナ海進出は最近突然始まったことではない。過去数十年間、1950年代のフランス軍仏領インドシナ撤退、70年代の米軍ベトナム撤退、80年代のソ連軍ベトナム撤退、90年代の駐留米軍フィリピン撤退から現在に至るまで、中国は戦略的な「力の真空」[14]が発生する度に、同海域への海洋進出を段階的かつ慎重ながら確実に実施してきている。

　南シナ海は中国の南東にある戦略的に重要な海域であるとともに、マラッカ海峡からインド洋を経て中東湾岸地域の油田・ガス田に至るシーレーンの起点として中国にとり死活的な意味を持っている。最近米軍は中国による南シナ海支配に反対する「航行の自由作戦」[15]を従来以上に頻繁に実施しており、南シナ海をめぐる米中の覇権争いは長期化する可能性が高い。

‖ もう少し詳しく知りたい人が読む部分

歴史的経緯

1、1930-50年代

　1930年代まで、南シナ海全域を実効支配した国家はなかった。スプラトリー諸島では一時仏軍が上陸して日本人硫黄採掘業者を退去させた事例もあったが、中国大陸で混乱が続いた1930年代、中国に南シナ海を実効支配するだけの実力はなかった。この「力の空白」を埋めたのが日本海軍であり、太平洋戦争直前、日本軍は「長島[16]」を前線部隊の駐屯地として短期間ながら実効支配した。

　1945年の日本敗戦後、南シナ海に再び生じた「力の空白」を埋めるかのように、中華民国が1947年に「11段線」を、その後1953年には中華人民共和国が他国の海岸線ぎりぎりまで含む「九段線」をそれぞれ発表した。しかし、当時はフィリピンに米海軍が、ベトナムには仏海軍がそれぞれ展開しており、日本軍撤退後も、同海域の戦略的勢力バランスに大きな変化は見ら

れなかった。

1935年	中華民国、ブルネイ近海のジェームズ礁を曾母と命名するも、実効支配できず
1939年	日本海軍、スプラトリー諸島最大の島を占拠し「長島」と命名
1945年12月	中華民国政府、日本敗戦に伴い、「南沙管理処」を広東省に設置
1947年	中華民国（以下、台湾）政府、「11段線」を発表
1953年	中華人民共和国（以下、中国）政府、「九段線」を発表

　なお、「11段線」と「九段線」の法的解釈は今も不明な部分が多い。国際法上は、それらが島嶼帰属の線か、歴史的な権利の範囲なのか、あるいは歴史的な水域線か、もしくは伝統疆界線なのか、等が問題になる。これらについては、中華人民共和国、台湾両政府、いずれからも説得力ある公式の詳細説明は行われていない。この点については「国際法上の問題」で詳述する。

２、1950－90年代
　この時期、中国は南シナ海で影響力を拡大したが、それには「力の空白の発生→軍事行動→領域占拠→実効支配」[17]という一定のパターンがある。例えば、1950年代にはフランス軍の仏領インドシナ撤退という機を逃さず、中国は慎重に勢力範囲を拡

大した。1970年代は米軍のベトナム撤退、80年代にはソ連海軍の撤退により、それぞれ生じた新たな「力の空白」に乗じ、中国は影響力を拡大した。

　しかし、南シナ海における最大の「力の空白」は1991年のスービック・クラーク両基地からの米軍撤退により生まれた。同年６月のピナトゥボ火山大噴火後、フィリピンにおいて反米感情が高まり、米軍に基地使用を認めた米比軍事協定が更新されず、結局両米軍基地は1991年11月26日にフィリピンに返還された。この結果、在比米軍は撤退を始め、南シナ海に巨大な「力の空白」が生じる。

　中国はこの機に再び乗じ、軍事協定失効からわずか３か月後の2012年２月、全国人民代表大会常務委員会が「中華人民共和国領海及び接続水域法」を制定した。同法第二条では、台湾はもちろんのこと、尖閣列島を含む東シナ海の島嶼と東沙・西沙・中沙・南沙各群島を含む南シナ海の島嶼及びその水域を全て中国の領土・領海と定めている。

1950年代	中国、フランス軍の仏越撤退で「西沙諸島」の半分を占拠
1973-74年	中国、米軍の南ベトナム撤退後に「西沙諸島」全体を占拠
1980年代後半	中国、在越ソ連軍の縮小で「南沙諸島」の６カ所を占拠
1991年11月	米比軍事協定が失効、在比米軍は撤退開始
1992年2月	中国、「領海及び接続水域法」[18]を制定

1990年代前半	中国、在比米軍撤退後にミスチーフ礁を占拠

3、2000年代以降

　その後、1990年代後半から2000年代中頃まで、南シナ海は比較的安定し、問題の外交的解決が模索された。その理由については、中国が経済発展や内政安定を重視したこと、及び1996年の台湾海峡危機や2001年以降の米国の対テロ戦争開始などにより、結果的に南シナ海の優先順位が低下したことなどが考えられる。

　しかし、2008年頃から中国人民解放軍や海警など海上法執行機関の動きが再び大胆になり、中国は従来の「熟柿」型手法を一部修正し、短期間で既成事実を作り出すようになった。具体的には、スプラトリー（南沙）諸島など各地で大規模埋め立てが始まり、僅か数年後には巨大な「人工島」が出現、三千メートル級の大規模滑走路も作られるなど、中国による同海域の軍事化が急速に進んだ。

　こうした状況にもかかわらず、オバマ政権の動きは鈍かった。米国が南シナ海の「力の空白・真空」問題に真剣に取り組んだのは、2014年4月にようやくフィリピンと新協定を締結してからである。

2000年代	中国、南シナ海南部への進出を加速
2002年11月	南シナ海の関係各国（ASEANと中国）、行動宣言（DOC）[19]に合意
2008年頃から	中国、他国の領海侵入や漁船の拿捕などにより南シナ海進出を再び加速
2012年以降	中国、フィリピンEEZ内のスカボロー礁を占拠
2014年以降	中国、ジョンソン南礁、ファイアリー・クロス礁などで人工島建設を加速
2014年4月	米比両国、米軍の在比巡回プレゼンスを認める新軍事協定[20]を締結

「航行の自由」作戦

　「航行の自由」作戦とは米海軍が1979年から40年以上運用してきた海上作戦の総称であり、敵対国だけでなく、同盟国に対しても行われる。中国だけが対象ではないが、2015年夏以降、米国は南シナ海で同作戦を実施し、公海上での中国の不当・過剰な海洋権益の主張は認めない立場を明確に示し始めた。この種の「航行の自由」作戦は、特にトランプ政権成立後に頻度が増えている。

　米国政府の立場は一貫している。例えば、2015年の駆逐艦ラッセンによる作戦につき米国は、「中国、台湾、ベトナム及びフィリピンが領有権を主張するスプラトリー諸島…の12海里内を航行」したが、関係国へ「事前通知はしておらず、通常手順と国際法に従って実施」しており、航行の自由作戦は「いずれの国の主権主張にも対抗するものではない」などと説明してい

る[21]。

2015年5月13日	ウォールストリートジャーナル、カーター米国防長官がスプラトリー諸島の中国「人工島」の「12カイリ以内に艦船や偵察機などを投入する」ことを検討するよう指示したと報道
2015年5月16日	訪中したケリー国務長官が記者会見で、「米国は中国による埋め立てのペースと規模を懸念している。中国に緊張緩和のため行動を取るよう求める」と公式に発言
2015年5月20日	CNN記者搭乗の米海軍偵察機P8Aポセイドンが中国の人工島付近を飛行
2015年5月30日	カーター国防長官、中国だけが「南シナ海で…いかなる国をも大きく上回る規模と速さで埋め立てを進めている」として人工島建設の即時中止を要求
2015年10月	ミサイル駆逐艦「ラッセン」、スプラトリー（南沙）諸島スビ礁12海里以内を航行
2016年1月	ミサイル駆逐艦「カーティス・ウィルバー」、パラセル（西沙）諸島トリトン島12海里以内航行
2016年5月	ミサイル駆逐艦「ウィリアム・P・ローレンス」、スプラトリー諸島ファイアリークロス礁12海里以内を航行
2016年10月	ミサイル駆逐艦「ディケーター」、パラセル諸島のトリトン島とウッディ島の周辺海域で航行
2017年5月24日	米海軍のミサイル駆逐艦「デューイ」がミスチーフ礁から12海里内の海域を航行、トランプ政権発足後では初めてとなる

| 2017年7月2日 | ミサイル駆逐艦「ステザム」、中国が実効支配するパラセル（西沙）諸島トリトン島[22]から12海里内を航行
その後も、米海軍は南シナ海において定期的に同種の作戦を実施している。 |
| 2020年11月17日 | 米国領グアムの空軍基地から出撃したB-1B戦略爆撃機2機、東シナ海の中国の防空識別圏に侵入[23] |

国際法上の問題[24]

　2014年、フィリピンは、国連海洋法条約（UNCLOS）に基づき、南シナ海の中国の諸活動につきハーグにある常設仲裁裁判所に提訴した。これに対し、2016年7月12日、同裁判所は中国が南シナ海に独自に設定した境界線「九段線」や歴史的権利に基づく同国の主張には国際法上の根拠がないとの裁定を下した。同時に、ベトナム沖合スプラトリー（南沙）諸島西側の「バンガード堆（万安灘）」やマレーシアが実効支配する東部ボルネオ島沖の「ルコニア礁」と呼ばれる岩礁付近についても、中国による主権の主張を退けている。

　同裁定の主要論点は、

　①南シナ海の海洋資源に対する中国の「歴史的権利」の主張は、国連海洋法条約の規定の限度を超える部分については無効であり、

　②中国が南シナ海や海洋資源を歴史的にまた排他的に管轄してきた証拠はなく、従って

　③中国の「九段線」内の海域における「歴史的権利」の主張

には如何なる法的根拠もないと判断し、提訴したフィリピン側の主張を全面的に認めている。なお、公表された裁定（Tribunal's Award）は全体で500頁弱もあるが、各裁定内容の概要は次の通りである。

裁定１：南シナ海における海洋権限はUNCLOSの規定の限度を超えてはならない。

裁定２：「九段線」によって包摂される南シナ海の海域に対する「歴史的権利」、主権的権利または管轄権の主張はUNCLOSに反するものであり、UNCLOSの規定の限度を超えた如何なる「歴史的権利」、主権的権利または管轄権の主張も認められない。

裁定３－７：スカボロー礁（黄岩島）など問題となった地点は12カイリ領海のみ有する「岩」または満潮時に海面下に沈む「低潮高地」であり、如何なる海洋権限も有しない。

裁定８：中国のフィリピンEEZ・大陸棚における生物資源と鉱物資源に対する活動はUNCLOS第58条３項（沿岸国の権利及び義務に対する妥当な考慮）に違反する。

裁定９：中国のフィリピンEEZ内での自国漁民・船舶の違法操業は、UNCLOS第192条、194条５項（海洋環境と生態系の保護、保全）に違反する。

裁定10：中国はスカボロー礁（黄岩島）周辺でのフィリピンの伝統的漁業活動を妨害した。

裁定11：中国のスカボロー礁（黄岩島）とセカンドトーマス礁（仁愛礁）で海洋環境を破壊する漁業や珊瑚の採取は、UNCLOS第123条、194条５項（海洋環境と生態系の保護、保

全）の海洋環境保全義務に違反する。

裁定12：ミスチーフ礁（美済礁）における中国の活動は海洋環境保全義務に違反する。同礁はフィリピンのEEZ内にあり、人工島の建設はフィリピンの主権的権利の侵害である。同礁は「低潮高地」であるので、占有の対象とはならない。

裁定：中国はスカボロー礁（黄岩島）周辺海域での自国公船の危険な運用により海洋の安全に関するUNCLOSやその他の義務に違反している。

裁定14：セカンドトーマス礁（仁愛礁）周辺海域でのUNCLOS第298条1（b）の軍事活動に該当する行動については仲裁裁判所に管轄権がないが、フィリピンのEEZ内における埋め立てや人工島の造成によって、紛争を悪化させ、拡大させた。

今後の見通し【以下は筆者の個人的な分析】

　南シナ海の状況や問題点は東シナ海のそれと基本的に同様である。近い将来中国と領有権を争う関係国等が南シナ海の島嶼地域に対するそれぞれの主張を変えることは考えられず、同地域における緊張と対立は長期化するだろう。

　中国は既に南シナ海の一部を事実上軍事要塞化しており、引き続き南シナ海における軍事的優位を恒久化すべく活動を継続する可能性が高い。関係国は今後南シナ海での中国人民解放軍の活動が一層強化される可能性を念頭に置く必要がある。

　米国、特に米海軍はこうした事態に懸念を深めており、引き続き「航行の自由」作戦を継続すると思われるが、その頻度や程度については今後の米中関係の行方次第で変化する可能性はある。

南シナ海での米中対立は単なる航行の自由をめぐる海上の争いではなく、より広範な米中覇権争いの一環と見るべきであり、今後中国が米側の圧力に対し譲歩する可能性は低い。それどころか、状況によっては、中国側がより軍事的に強硬となり、一時的、偶発的な衝突が発生する可能性すら否定できない。

　いずれにせよ、中国は今後とも南シナ海の「内海」化を進めるべく、漁船（海洋民兵）、海警などの公船、海軍艦船などを使い分けながら、米国を含む関係国の防衛能力と意図をテストし続けるととともに、万一関係国の防衛能力や意志が低下すれば、そうした「力の真空」を突いて、中国による南シナ海の実効支配拡大の機会を引き続き慎重に探るものと思われる。

第三章

———

ウイグル自治区

基本中の基本

　現在中華人民共和国の新疆ウイグル自治区と呼ばれる地域は、歴史的にイスラム教を信奉するウイグル人が住む中国西北端の広大かつ地下資源の豊富な領域である。東部・南部で甘粛省、青海省、西蔵自治区と隣接するだけでなく、インド、パキスタン、アフガニスタン、タジキスタン、キルギス、カザフスタン、ロシア連邦、モンゴルの８カ国と国境を接し、その面積は中国全土の約６分の一（日本の約4.5倍）を占める。

中華人民共和国

面積	約960万平方キロメートル（日本の約26倍）
人口	約14億人
GPD	13.61兆ドル
兵力	総兵力推定約203.5万人 （陸軍約97.5万人、海軍約25万人、空軍約39.5万人、ロケット軍（戦略ミサイル部隊）約12万人、戦略支援部隊約14.5万人、その他約15万人）
国防費	約20兆2,881億円

▌忙しい人用　1分で分かるウイグル問題

　ウイグル問題を中国の国内問題と見るか、普遍的な国際問題と見るかで、中国の政策の是非の判断は大きく異なるだろう。

　ウイグル関係者は、現在の新疆ウイグル自治区は、歴史的に中国とは文化的、宗教的に異なるテュルク系言語を話す人々の土地を意味する「トルキスタン」東部の独立地域であったが、19世紀後半以降に清朝による直接統治が始まり、新疆省となって現在に至っていると考える[25]。

　これに対し、中国政府は、「歴史の改竄は許されない。新疆は中国の神聖な領土の分割できぬ一部であり、新疆に『東トルキスタン』などがあったことはない。ウイグル族は長期の移動と融合を経て形成された、中華民族の構成部分だ。新疆は多くの文化と宗教が共存する地域であり、新疆各民族の文化は中華文化に抱かれる中で育まれ発展してきた。」と主張する[26]。

　歴史的文化的にみれば、ウイグル地域は中央アジアの一部で

あり、中国の本格支配が確立した19世紀以前は、漢と唐代の一時期を除けば、西ウイグル王国（天山ウイグル王国）、カラ・ハン朝、イスラム教を信仰するテュルク系民族が住み「トルキスタン」と呼ばれた集団・領域が、その独立の程度は別として、少なくとも一定の認知を得ていたといえよう[27]。

　最近米国は「2019年国別人権報告書」を発表し、中国の人権状況と新疆関連政策、特にウイグル族「収容所」拘禁問題を批判している。これに対し中国は、かかる施設は「若者が過激思想から離脱し、政府の支援のもとで安定した職に就くための職業技能教育養成センターであり、新疆では過去３年間、暴力テロが１度も発生していない」などと反論している[28]。

　中国政府によるウイグル族への弾圧については、最近欧米諸国の批判が強まっているが[29]、中国側は「新疆の広範なイスラム教徒の宗教と信仰の自由は有効に保護されている」との主張を変えていない。米中覇権争いが激化する中、ウイグル問題は今後も、チベットや内モンゴルなど中国国内の他の少数民族問題とともに、米中対立の焦点の一つであり続けるだろう。

▊ もう少し詳しく知りたい人が読む部分

歴史的経緯

　この地域の歴史を客観的かつ公平中立に記述することは難しい。新疆ウイグル地域をテュルク系イスラム教徒の土地と見るか、現代中国少数民族の住む自治区と見るかによって、その歴

史の描き方が180度異なるからだ。以上を前提に、まずは確実に信頼できると思われる事実関係だけに絞って、この地域の歴史を概観してみよう。同地域は、

1、古くはインド・ヨーロッパ語族の言葉を話すアーリア系の
　人々が居住していた。
2、古代には諸都市国家が栄えたが、多くは遊牧国家の月氏や
　匈奴などの影響下にあった。
3、匈奴衰退後、この地は前漢に服属し、その後は遊牧の突厥
　や唐の勢力争いに翻弄された。
4、8世紀にテュルク系のウイグル（回鶻）が台頭し、突厥を
　滅ぼし、タリム盆地、ジュンガル盆地、モンゴル高原など広
　大な領域を勢力圏とするウイグル可汗国が栄えた。
5、840年にウイグル可汗国が崩壊、ウイグル人は天山ウイグ
　ル王国を建国した。同時期に別のテュルク系民族がタリム盆
　地にカラ・ハン朝を興し、同朝はイスラム教に改宗した。
6、カラ・ハン朝は後に東西に分裂し、東カラ・ハン朝は契丹
　族により12世紀に滅ぼされた。
7、13世紀、天山ウイグル王国はモンゴル帝国の王族に準ずる
　待遇を得た。
8、モンゴル帝国解体後、同地域は長らくモンゴル系領主の支
　配を受けた。
9、16世紀にウイグル人国家ヤルカンド・ハン国が成立、17世
　紀にオイラト族に滅ぼされる。
10、1757年9月、オイラト系遊牧国家ジュンガルが清に征服さ
　れ、回疆、新疆等と呼ばれた。

11、19世紀後半、コーカンド・ハン国の軍人ヤクブ・ベクの乱
　　により清から一時離脱する。
12、1884年に清朝の内地並の「新疆省」が置かれたが、辛亥革
　　命により清は滅亡した。

　ここまでは良いとして、歴史の見方が分かれ始めるのはこの
後からだ。
　清朝滅亡当時、漢人の科挙官僚が直接支配していた同地域
（新疆または東トルキスタン）は、中華民国への合流を表明し
たが、当時中華民国の中央は軍閥など群雄割拠の分裂状態にあ
り、新疆省ではその後数十年間、事実上半独立国的な状態が続
いた。その間、例えば1944－46年の「東トルキスタン共和国」
など幾度かウイグル人主体の独立政権樹立が試みられた。
　しかし、国共内戦を制し1949年に中華人民共和国を建国した
中国共産党は、直ちに新疆接収のための交渉を開始する。当時
同地域を事実上統治していたイリ政府幹部は政治協商会議に参
加するため陸路で北京へ赴き、共産党への服属を表明した。更
に、同年9月には新疆省政府幹部も共産党政府への服属を表明
したため、同年12月までに中国人民解放軍が新疆全域に展開し
た。その後同地域は完全に中華人民共和国に統合され、現在に
至っている。

東トルキスタンの主張

　ウイグル独立派にとって、中央アジアのテュルク系言語を話
す人々が住む地域は「トルキスタン」であり、その東側の現在
中国が「新疆ウイグル自治区」と呼ぶ地域は「東トルキスタン」

である。ウイグル独立派は、中国歴代王朝が東トルキスタンを本格支配するようになったのは清朝の時代からで、その例外は漢と唐代の一時期、「西域都護府」と「安西都護府」の時代だけだったと主張する。

そもそも、中国の歴代王朝は東トルキスタンを「西域」と呼び、「中国」とは異なると認識していた。その地ではウイグル王国、西ウイグル王国（天山ウイグル王国）、カラ・ハン朝が栄え、マニ教、仏教、景教、イスラム教を受容して独自の文化を育んできた。その後も、ウイグル人は世界的大帝国であるモンゴル帝国の下でその経験と知識を用い、世界各地との貿易に従事している。

その後、西モンゴル族（オイラト）の一部族であるジュンガル部が台頭し、ジュンガル帝国を建て清朝と一時は全面的に対立したが、ジュンガルは1755年に乾隆帝によって滅ぼされた。こうしてジュンガル盆地（準部）とタリム・イスラム地域（回部）を手に入れた清は両部を合わせて「新疆」と名付けた。少なくとも、19世紀前半から60年ほどの間、東トルキスタン地域は平穏で一定の自治を享受している。

ところが、19世紀半ばから清朝内でイスラム教徒による反乱が頻発するようになり、状況は再び流動化する。当時、西トルキスタンのコーカンド・ハン国の将だったヤクブ・ベクはカシュガル・ハン国を建国し、東トルキスタン地域は再びテュルク系民族によるイスラム政権によって統治されるようになった。しかも、その宗主国がオスマン・トルコだったこともあり、カシュガル・ハン国の存在は国際的にもある程度認められていたようだ。

このカシュガル・ハン国は1877年清により滅ぼされ、東トルキスタン地域は再び清の支配下に置かれた。しかし、20世紀初頭の中央アジアでは、汎トルコ主義・汎イスラム主義による近代的改革運動が始まっており、東トルキスタン地域でも民族のアイデンティティに関心を持つ知識人が多く育っていった。こうして生まれた知識人の中には、後の東トルキスタン共和国樹立に貢献する人材もいたのである。

　1911年の辛亥革命で清が滅び中華民国が成立したことに伴い、東トルキスタン地域でも独立の機運は高まった。1931年に起きた蜂起は東トルキスタン全土に飛び火し、1933年11月にはカシュガルで「東トルキスタン・イスラム共和国」の独立が宣言された。しかし、諸民族間の対立、中国国民党による弾圧、ソ連の干渉、回族軍閥の侵略などにより、1934年春、同国は独立を維持することができなくなり、終焉を迎える。

　更に、10年後の1944年11月12日には、新疆省主席の左遷をきっかけにテュルク系民族による民族解放組織がイリのグルジャ市で「東トルキスタン共和国」の独立を宣言した。当時ソ連軍人の援助を受けた東トルキスタン軍は1945年9月、一時はウルムチの郊外まで兵を進めた。ところが、8月のヤルタ会談の際にソ連と中国国民党と間で交わされた密約により、東トルキスタン軍は突然進軍を停止している。

　1946年にはソ連の仲介により、東トルキスタン政府とウルムチの国民党政府との間で和平協定が締結された。しかし、1949年、ソ連の斡旋で動き出した東トルキスタン共和国と中国共産党との協議は結局実現せず、同年12月、東トルキスタン共和国は中国人民解放軍によって「解放」させられてしまう。

更に、1955年、同地域は新疆省から新疆ウイグル自治区へと名称を変え、現在に至っているが、その後もウイグル自治区では漢族による同化政策に反発する動きが絶えることはなく、大規模な抗議デモや暴動が多く発生している。その結果、中国政府は「テロ防止」を名目としてハイテク技術等を駆使した監視社会を作り上げ、ウイグル人への締め付けを一層強化した。国連の報告によれば、ウイグル自治区の全人口の約1割にあたる最大100万人が「再教育収容所」にて拘束されている。米国は、ウイグル族への人権侵害関与を理由に中国ハイテク企業をエンティティリストに追加したほか、ウイグル人権法等を成立させて、中国政府によるウイグル弾圧に圧力を加えている。

新疆ウイグル自治区関連では過去20数年間に次のような諸事件が起きている。

1997年	新疆ウイグル自治区グルジャ市で大規模な官民衝突が発生
2008年3月	ホータン市で大規模抗議デモ発生
2009年6月	広東省の工場でウイグル人労働者が中国人に襲撃され多数が死傷する事件発生
2009年7月5日	ウルムチ市で死者192名以上の大規模な騒乱事件が発生
2014年3月1日	雲南省昆明市にて無差別殺傷事件が発生。現場に残された証拠から昆明当局は新疆ウイグル自治区独立勢力による犯行であると断定。

2014年4月30日	新疆ウイグル自治区ウルムチ駅にて襲撃事件が発生。
2014年5月22日	新疆ウイグル自治区ウルムチ市場にて爆発事件が発生。
2016年8月	習近平は国内のテロを取り締まり社会不安を抑えるためにチベット弾圧で頭角を現した陳全国を新疆ウイグル自治区の党委書記に任命。
2017年	初、中国新疆ウイグル自治区で10億ドル（約1130億円）以上に相当するセキュリティー関連の投資計画を発表。
2018年8月	国連人種差別撤廃委員会は最大100万人のウイグル人が刑事手続無しで再教育を目的とした強制収容所に拘束していると報告。
2019年10月	米国、人権侵害関与を理由に新疆ウイグル自治区公安局及びその傘下の20政府機関、ハイクビジョン等の監視関連企業8社をエンティティリストに掲載
2020年5月22日	米国、更に9団体をエンティティリストに追加すると発表
2020年6月17日	米国ウイグル人権法[30]が成立
2020年7月9日	米国、ウイグル自治区で人権侵害に関わった陳全国を含む中国高官を制裁対象に指定

中国側の反論

　中国（中華人民共和国）や台湾（中華民国）はこのような「東トルキスタン」の存在そのものを認めていない。特に、中

国は東トルキスタン運動の関係者を「反革命武装暴乱」「東トルキスタン共和国の樹立を目指す分離主義による暴動」とみなしている。新疆ウイグル自治区の共産党関係者は「新疆は古代から中国の領土だった」とすら主張している。

　2019年8月、国務院報道弁公室は、新疆のテロや過激主義への対策と人権保障に関する白書を発表した。同白書の内容は概ね次の通りである[32]。

①法に基づいて物事を考え、問題を解決することは、テロや過激主義を取り締まる上での新疆ウイグル自治区における重要な原則である。

②厳しく複雑なテロ取り締まり情勢や、テロ犯罪を取り締まり、命や財産の安全を確保して欲しいという各民族の要望を前に、新疆は、市民の人権侵害や公共安全への妨害、民族団結の破壊、国家分裂に関わる全ての暴力行為やテロ活動を取り締まる方針である。

③新疆の司法機関は、あくまで事実を基にし、法律を手段とし、硬軟織り交ぜた形の刑事政策を全面的に実施している。

④テロ行為や過激な宗教の違法行為を企て、実行する中心的なメンバーは厳罰処分する。

⑤一方で、罪が軽くて危害が小さく、かつ行為を認めた場合、及び未成年者などが無理やり犯行をさせられた場合は、刑を軽くする。

⑥また、自首したり、功績を挙げたりした場合も、減刑処分とする。そして、刑罰の教育や犯罪予防といった役割を十分に発揮しなければならない。

⑦同時に司法部門は、被告の弁護権や、本人の民族の言葉や文

字で訴訟する権利を保障する。これは手順の公正さや市民の基本的な権利に対する保護を表すものである。

⑧中国政府は、国際社会の責任ある一員として、テロ対策の国際協力で国連が主導的、協調的役割を発揮することを支持する。

⑨国連憲章やその他の国際法に基づいて、国連安保理で採択された一連のテロ対策決議を支持し、「国連グローバル・テロ対策戦略」の全面的な実施を推進していく。

法的な議論

既に述べた通り、ウイグル独立派は、1933年11月から翌年春までカシュガルに「東トルキスタン・イスラム共和国」なる独立国家が存在し、また、1944年11月12日にはテュルク系民族による民族解放組織がイリのグルジャ市で「東トルキスタン共和国」なる独立国家を樹立したと主張する。これに対し、中国は「東トルキスタン」という国家の存在自体を否定する。

一般に、分離独立や国家の分裂などにより、新しい国や政府が誕生した場合、他国が当該国に主権国家としての法的権利を認めるか否かが問題となり得る。国際法上の「国家承認」「政府承認」とは、そうした権利を国家または政府に対し認めることを表明する行為であり、一般には、広報的表明である明示的承認と国際機構への加盟を認める黙示的承認の二種類があるとされる。

国際法の通説によれば、「国家承認」の要件は「領域・住民・実効的支配」からなる「国家の三要素」であるとされる。「東トルキスタン」の場合、これら三要素が、一定期間にわたり、

実質的に確保されたか否かが問題となるが、一般論としてその判断は難しい。但し、このことは「東トルキスタン」という国家の樹立が未来永劫否定されることを意味するものではない。

今後の見通し【以下は筆者の個人的な分析】

今後、ウイグル問題で最も注目すべきは、ウイグル独立国家の「国家承認」よりも、中国による新疆ウイグル自治区での少数民族ウイグル族に対する人権侵害であろう。2019年10月の国連総会第3委員会では、日本や米英など23カ国が中国に対し懸念を示し、ウイグル族の恣意的拘束に反対する共同声明を発表した。これに対し、ロシアやパキスタンなど54カ国は中国を支持する声明を発表した。ウイグル人権問題に対する見解は国際的にも大きく割れているのが実情である。

現在新疆ウイグル自治区では、中央政府によるウイグル人の中国同化政策・漢化政策が進行しつつある。男性は顎ひげを伸ばすことを禁止され、これに反対すれば弾圧され、強制収容所に送られるとの噂は絶えない。イスラム教による宗教教育も禁止され、学校教育からはウイグル語教育の時間すら失われつつあるという。こうした同化政策、漢化政策は当面続くだろうが、それによりあの誇り高きウイグルのイスラム教徒が「漢化」「中国化」するとは思えない。

筆者の個人的な印象を敢えて述べれば、2002年に訪れた新疆ウイグル自治区の中心都市ウルムチ市内の喧騒、臭い、色彩は、間違いなく中央アジアのそれであった。音楽はパキスタン系、衣服はトルキスタン系、食べ物はもちろんイスラム式である。古くからある乾物屋や医院の看板には大きなアラビア文字のウ

第三章
ウイグル自治区

イグル語に小さく漢字が添えてあったが、新しい店の看板ほど
アラビア文字は小さくなり、巨大な漢字が看板の大部分を占め
ていた。

　あれから20年近くの歳月が流れたが、数年前に訪れたウルム
チではウイグル族の同化・漢化が一層進んだように感じられた。
町の中心部にある巨大な広告看板はほとんどが漢字表記となり、
ウイグル語の広告は町の中心部から外れた地域でのみ散見され
た。こうした傾向は今後も続くものと思われる。

　ウイグル問題の本質の一つはウイグル人が信奉する「一神教
イスラム」と漢族の「伝統的祖先信仰」との衝突だ。ウイグル
人は中東を源とする一神教のイスラム教徒である。一神教徒に
とってこの世界を創造したのは「唯一絶対神」だ。被造物であ
る「人間」は、「神」と「契約」を結び、「神」を恐れ、その
「契約」を履行して初めて、「天国」に行くことができると信じ
られている。

　ところが、漢族にはそもそも「神との契約」という概念がな
い。漢族の世界では昔から「神」よりも「人間」の方が偉い。
必要なら「人間」は「神々」を作ればよいからだ。漢族は「神
の法」よりも先祖代々の「伝統」を守る方が幸せになれると信
じている。だから漢族の中国は欧米式の「法治」ではなく、や
はり「人治」の国なのだろう。

　善悪の判断を「神との契約」に委ねるウイグル族と、その判
断を「祖先」と「賢人」に委ねる漢族は、政治文化的に見て本
質的に相容れない。現在のウイグル人漢化政策が続く限り、宗
教的世界観がこれほど違う両民族が新疆ウイグル自治区内で対
等かつ幸福に共存することは難しいだろう。新疆ウイグル自治

区が真の意味で「ウイグル族の文化と言語」が尊重される自治
区となるには今暫く時間がかかりそうである。

第四章

米中経済戦争

基本中の基本

　米中経済戦争とは、2018年に始まった米中間の貿易交渉、経済制裁、報復措置の総称である。米トランプ政権は同年7月、中国の不公正貿易などを理由に年間輸入総額340億ドル（約3・6兆円）規模の中国製品に追加関税を発動、中国も直ちに同程度の報復措置を実施した。その後両国は、18年8月に制裁・報復の第2弾、同9月に第3弾、19年9月に第4弾を相互に発動した。20年1月、ようやく「第1段階」の合意に署名したものの、その後は。2020年末現在、事実上の一時休戦状態に入って

中華人民共和国

面積	約960万平方キロメートル（日本の約26倍）
人口	約14億人
GPD	13.61兆ドル
兵力	総兵力推定約203.5万人 （陸軍約97.5万人、海軍約25万人、空軍約39.5万人、ロケット軍（戦略ミサイル部隊）約12万人、戦略支援部隊約14.5万人、その他約15万人）
国防費	約20兆2,881億円

アメリカ合衆国

面積	371.8万平方マイル（962.8万平方キロメートル、50州・日本の約25倍）
人口	3億2775万人（2018年5月　米国国勢局）
GPD	19兆3,906億ドル
兵力	約129.9万人、2018年4月30日現在
国防費	5,867億ドル（2017年度国防費予算）

いる。

▌忙しい人用　1分で分かる米中経済戦争

　広義の米中貿易戦争は、過去20年ほど前から米中間の水面下で始まっていた。当初は米国の対中貿易赤字や中国の保護関税などが問題となっていたが、その後、中国の経済規模が拡大するに伴い、争点はより広範な不公正貿易一般、具体的には技術移転の強要、知的財産権の侵害、非関税障壁、米企業に対するサイバー攻撃、サービスや農業の市場開放などに移っていった。

　米国のトランプ政権は、「中国は政府一体で政治・経済・軍事力やプロパガンダを用い米国に影響を及ぼし、利益を得ている。米国の歴代政権は中国の行動を見過ごし、ほぼ加担していたが、そのような時代は終わった。中国政府は経済関係の改善に向けた行動を取っていない。中国は公正で相互尊重、商取引の国際ルールに沿った行動をとるべきだ」と主張する[33]。

　これに対し中国側は、「米現政府は『対中301条調査報告』を発表するなどのやり方で、中国に対し『経済侵略、不公平貿易、知的財産権盗窃、国家資本主義』など一連の汚名を着せて非難し、中米経済貿易関係の事実を重大にねじ曲げ、中国の改革・開放の非常に大きな業績とそのために注いだ中国人民の心血・汗水を無視している」と強く反発している[34]。

　歴史的に見れば、こうした米中間の対立激化は半ば必然である。1990年代米国の10分の一に過ぎなかった中国の経済規模[35]は2010年に米国の半分にまでなり、2049年までには米国に追い付き追い越すと予測されている。危機感を抱いた米政府、議会、専門家の間では従来の対中宥和論に代わり、中国を国家安全保

障上の最大の競争者とみる強硬論が台頭している[36]。

　米中貿易協議は、中国による知的財産権侵害や米国企業に対する技術移転の強要などの構造的問題をめぐり難航している。しかし、この問題がより広範な「米中間の覇権争い」の一側面であることに鑑みれば、米議会やバイデン新政権内対中政策関係者が容易に妥協に応じるとは考えにくい。近い将来、米中間の経済貿易問題が大きく改善する可能性は低いだろう。

▊ もう少し詳しく知りたい人が読む部分

歴史的経緯

1770年代から1972年まで

　米中貿易の歴史は意外に古い。18世紀後半、中国（当時の清）は独立直後のアメリカ合衆国にとって最大の貿易相手国だった。当時セーラム、ニューヨーク、ボルティモア、フィラデルフィアなど米国東海岸の港町は清との交易で栄え、1777年から1840年までの米輸入物資の2割は清から来ていたという。その後、中国における2度の革命を経て米中貿易は衰退し、米国と中華人民共和国との貿易が実質的に始まったのは1972年の米中国交正常化以降のことである。

　それ以来米国は製造業、ホテル、外食、石油化学など様々な分野で巨額の対中直接投資を行い、米中貿易の総額は1992年の330億米ドルから2004年には2300億米ドルに拡大した。他方、貿易不均衡も顕在化し始め、2017年に米国対中貿易赤字は

3755.8億ドルとなった。米中両国は合同経済委員会会議、米中戦略経済対話、米中戦略対話など様々な枠組みを創設して協議を重ねたが、問題の根本解決には至っていない。

世界貿易における中国シェア拡大

　2001年の中国WTO加盟以降、世界の輸出に占める中国のシェアは、2001年の約6％から2017年には約16％に拡大し、世界第1位となった。輸入でも、中国は2001年の約5％から2017年には約13％となり、世界第3位となっている。また、米国の輸入に占める中国のシェアは1990年の3.1％から2000年には8.2％に拡大し、2017年には21.6％に達してEUの水準を超えた。ちなみに、日米貿易摩擦が激化した1986年当時の日本からの輸入は22.4％であった。

　更に、米国の対中貿易赤字についても、1987年時点で対中国のモノの貿易赤字は対GDP比で0.1％だったが、2017年には対GDP比1.9％と、米国貿易赤字である対GDP比4.1％の約半分を占めている。他方、サービス貿易では、米国のサービス収支は2017年で対GDP比1.3％の黒字、対中国でも0.2％の黒字となっている。

米国トランプ政権の対外貿易措置の経緯

　米政府は、トランプ政権発足以降、安全保障の維持、経済の強化、より良い貿易協定の交渉、国内の貿易関連法の積極的な執行、多国間貿易体制の改革の5つを貿易政策の優先事項と位置付け、中国に対し新たな政策及び交渉を開始した。

2018年2月7日	米国、家庭用大型洗濯機及び太陽光パネルにつきセーフガード発動
3月23日	米国、鉄鋼及びアルミニウムへの追加関税措置開始
5月23日	米国、自動車輸入が米国内の安全保障に与える影響につき調査開始
9月30日	米国、メキシコ・カナダとNAFTA再交渉に合意
11月30日	米加墨3か国でUnited States-Mexico-Canada Agreement (USMCA) 署名

特に中国に対しては以下の措置が取られた。

2018年5-6月	米中通商協議を計3回開催
6月15日	「中国製造2025[37]」が米経済成長を阻害するとして、「中国製造2025」に関連する品目を含む500億ドル相当の中国からの輸入品に25%の追加関税賦課を決定
7月6日	産業機械や電子部品等の340億ドル相当に対する対中追加関税（第一弾）
8月23日	プラスチック製品や集積回路等の160億ドル相当に対する対中追加関税（第二弾） これら対し、中国政府はそれぞれ同日同時刻に同規模の対抗措置（大豆等の農産物、自動車等の340億ドル相当及び化学工業製品、医療設備、エネルギー製品等の160億ドル相当の輸入品に25%の追加関税）を実施。

9月24日	対象を食料品家具にも拡大、2000億ドル相当の輸入品に10%（19年1月からは25%）の追加関税（第三弾）。 これに対しても、中国は同日同時刻に液化天然ガス、食料品・飲料等の600億ドル相当に5〜10%の追加関税を賦課する対抗措置を実施。
12月1日	米中首脳会談、19年1月1日以降も税率を10%に据え置くことで合意
2019年 1-2月	米中次官級協議、閣僚級協議開催、税率25%への引き上げを再度見送り
7月30-31日	米中閣僚級協議では進展なし
8月1日	米大統領、3,000億ドル相当輸入品に9月1日より10%の追加関税措置（第4弾）を実施すると表明
8月13日	アメリカ通商代表部（USTR）、特定対象項目約1,600億ドル相当への追加関税措置を12月15日まで延期すると決定
8月23日	中国国務院関税税則委員会、米国の措置第4弾への対抗措置を発表
8月5日	米財務省、「1988年包括通商競争力法」に基づき中国を為替操作国に認定（但し、2020年1月13日には中国を為替操作国から解除し、「監視リスト」に留めた）
9月1日	米国、第4弾のうち衣類、テレビ等（1,200億ドル相当）に追加関税措置を実施
9月11日	米大統領、10月1日予定の第1〜3弾追加関税率の引き上げを10月15日に延期

10月10-11日	米中閣僚級協議で「第1段階の合意」が成立、米国は10月15日予定の追加関税率5％引き上げを見送ると表明したが、合意の文書化及び署名に向けた協議は継続
12月13日	USTR、第4弾に関し12月15日実施予定分の発動を見送るとともに、9月1日実施分の追加関税率を15％から7.5％へ引き下げると発表
2020年1月15日	米中、第1段階合意文書に署名、USTRは9月1日実施分の第4弾追加関税率の引き下げを20年2月14日から適用すると発表

　同合意文書では、（1）知的財産、（2）技術移転、（3）農業、（4）金融サービス、（5）マクロ経済政策・為替、（6）貿易拡大、（7）紛争解決の7分野における米中両国の取組を定め、中国が米国からの財・サービスの輸入を今後2年間で少なくとも合計2,000億ドル以上増やすことで合意している。しかし、その後の新型コロナ感染拡大と米大統領選により、第2段階以降の米中協議は進展していない。

2018年4月	中国企業に対する制裁・規制強化 米国、対イラン・北朝鮮輸出を理由に中国大手通信機器会社への部品供給を7年禁止（その後和解）
8月	米国、国防権限法で米政府機関の中国大手通信機器会社からの通信機器購入を禁止
2019年1月	米司法省、中国大手通信機器会社を企業秘密の窃取等の疑いで告訴

5月15日	米大統領、情報通信技術等に対する脅威に関する国家非常事態を宣言、国家安全保障等に対する容認できないリスクなどをもたらす取引を禁止する権限を商務長官に委任する大統領令に署名。米商務省、対イラン金融サービス提供等により、輸出制限エンティティ―（法人等）・リストにファーウェイ本社及び関連会社（68社）を追加すると発表[38]
8月19日	米商務省、新たに関連企業46社をエンティティー・リストに追加
11月26日	米商務省が、「外国の敵対勢力」の通信機器が米通信網や安全保障に危険を及ぼすと商務長官が判断すれば、取引をやめるよう米企業に求める規制案を公表
11月22日	米連邦通信委員会（FCC）、連邦政府から補助金を受領する米通信会社に対し、ファーウェイ及びZTEからの製品の調達を禁止すると決定

米国政府の主張

　対中貿易問題に対する米国側の主張を最も包括的に示したのは、2018年10月4日、マイク・ペンス副大統領がハドソン研究所で行った演説である。以下に示す通り、ペンス演説では、純粋の経済貿易問題に関する批判だけでなく、経済分野を超えた中国共産党の政治体制そのものに対する批判が含まれている。

1、経済貿易問題
（1）差別的な関税と対米貿易赤字
（2）中国進出外国企業からの強制的技術移転

（３）中国企業に対する補助金などの産業政策

（４）中国における不十分な知的財産権保護

（５）様々な非関税障壁

（６）人民元の為替操作

２、政治問題

（１）サイバー攻撃

（２）スパイ活動

（３）対米世論操作、特に、選挙介入を目的とする宣伝工作

（４）情報統制など人権を抑圧する管理社会、監視社会

（５）地下教会の取り締まりや新疆ウイグル再教育キャンプなどの宗教弾圧

（６）債務の罠など途上国に対する借金漬け経済支援

（７）南沙諸島海域における人工島建設など帝国主義的、覇権主義的外交政策

中国の反論[39]

　対米貿易問題に関する中国の立場を示す資料としては、2019年６月２日に国務院新聞弁公室が発表した「米中経済貿易協議に関する中国の立場」と題する白書が最も包括的に中国側の主張を取り纏めている。同白書の主張の概要は次の通り。

１、米中貿易摩擦は米国が引き起こしたもので、米中両国と世界の利益に損害を与えている。

（１）そもそも、中国の科学技術革新は自力更生に基づくものである

（２）中国が知的財産権を「窃盗」し技術移転を強制するとの

米国の非難に根拠はない

（3）　米中経済は相互に融合しており、貿易投資は双方に恵み
　　をもたらす

（4）　米国の追加関税措置は他者利益を害し、自己の利益を損
　　ねる

（5）　貿易戦争が「米国を再び偉大にする」ことはない

（6）　米国の覇権行為により禍は世界に及ぶ

2、米中経済貿易協議の途中で前言を翻す行動をとる米国は不
　誠実である。米中経済貿易協議が頓挫した責任は完全に米国
　政府にある。

3、中国は終始平等で相互に利益をもたらす誠実な協議の立場
　を堅持している。

　中国は原則的な問題では決して譲歩せず、如何なる挑戦も中
国の前進の歩みを止めることはできない。

法的な議論

　米国内法上、米国トランプ政権の対中貿易制限的措置は1974
年通商法第301条に基づくものだ。2017年8月、大統領は通商
代表部（USTR）に対し、中国の法律、政策、慣行、行動が不
合理、差別的であり、米国の知的財産権、イノベーション、技
術開発に危害を加えている可能性があるかどうかを調査するよ
う指示した（同調査結果は2018年3月22日に公表）。

　同調査によれば、「中国は、幅広い範囲の技術、特に高度技
術を国内市場に普及させ、さらに、世界の先導的立場となるこ
とを目的に政策を実施している」、「中国の産業政策は、外国の

技術の『中国国内での革新』や『再革新』という発想で立案されている」などと指摘し、これに基づき、中国政府の米企業に対する不合理な政策を行っていると結論づけている。

　米政府は国際法上の対抗措置もとっている。上記調査に基づき米政府は、中国政府の技術に関する不公正な政策がWTOの規則に違反しているとして、中国をWTOに提訴した。米政府は、「中国政府は外国の特許保有者に対し特許権の根幹を否定している」、「中国企業が米企業の有する技術に改良を加え、元の技術と切り離して新たに特許を取得するなど、米企業にとり好ましくない契約を中国政府が義務的に課している」ことはWTO規則違反だと主張した。

　これに対し、2018年4月4日、中国は米国の第1弾及び第2弾の追加関税措置が、「中国側の正当な権益に深刻な損害を与えており、WTOの規則に違反している」として米国をWTOに提訴した。また、7月16日には第3弾の追加関税措置に対してもWTOに追加提訴している。更に、これ以外にも、中国は米国による鉄鋼・アルミニウムに対する追加関税措置や太陽光パネルに対するセーフガードなどについてWTOに提訴しているが、WTOの紛争解決パネルでは未だ結論が出ていない。

今後の見通し【以下は筆者の個人的な分析】

　いわゆる米中貿易戦争は、1970年代頃から顕在化した日米貿易摩擦とは、二つの点で大きく異なる。第一の違いは、日米貿易摩擦があくまで日米という同盟国間の争いであったことだ。確かに、1980年代の米国が日本の経済成長に脅威を感じていたことは事実だろう。しかし、当時の米国の脅威感はあくまで経

済的なものであり、安全保障の分野で米国が日本から脅威を感じたことは決してなかった。日米貿易摩擦はあくまで経済分野の話だったからだ。

　第二の、より深刻な問題は、米中間の貿易戦争なるものが単なる経済・貿易上の利益の相克ではなく、より深刻な米中間の安全保障上の利益対立の一側面であることだ。そうだとすれば、こうした米中間の対立が短期に収束する可能性は低い。米中貿易戦争は、貿易赤字や保護貿易主義の枠を超えた、最先端技術を含む多くの分野での政治、軍事的対立を含む、今後10年、20年と続く米中両大国間の「覇権争い」の一側面に過ぎない。

　米中貿易戦争は、新型コロナウイルスの感染が拡大する中で大統領選挙が本格化したため、2020年３月以降、事実上の「一時休戦」に入った。しかし、2021年には米民主党のバイデン新政権の下で新たな交渉が行われることになるだろう。バイデン政権の対中経済政策の詳細は未だ明らかではないが、同政権が「中国との競争に勝つためには、まず米国経済の立て直しが不可欠」としていることから、米中貿易問題が近い将来解決する可能性は低いだろう。

第五章

アフリカの脱中国

基本中の基本

　近年中国によるアフリカ諸国への投資が急増している。経済・社会基盤の脆弱なアフリカ諸国の中には、多額の対中債務を抱え、安全保障面を含め重要な国益が脅かされる、いわゆる「債務の罠」に陥る国々が増えている。アフリカの「脱中国」問題とは、このような従属的対中関係からの脱却を試みるアフリカ諸国政府の努力の総称である。

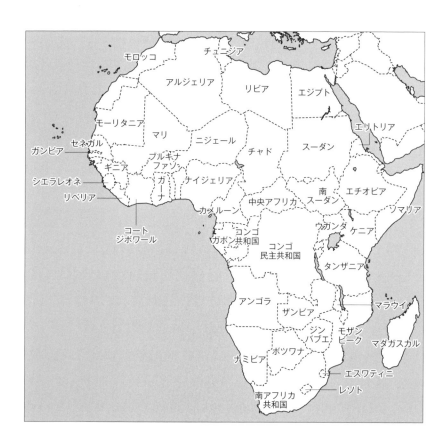

中華人民共和国

面積	約960万平方キロメートル（日本の約26倍）
人口	約14億人
GPD	13.61兆ドル
兵力	総兵力推定約203.5万人 （陸軍約97.5万人、海軍約25万人、空軍約39.5万人、ロケット軍（戦略ミサイル部隊）約12万人、戦略支援部隊約14.5万人、その他約15万人）
国防費	約20兆2,881億円

タンザニア連合共和国

面積	94.5万平方キロメートル（日本の約2.5倍）
人口	5,632万人（2018年：世銀）
GPD	580億米ドル（2018年：世銀）
兵力	27,000人（陸軍23,000人　海軍1,000人　空軍3,000人）
国防費	約528百万ドル

ザンビア共和国

面積	752.61千平方キロメートル（日本の約2倍）
人口	1,735万人（2018年：世銀）
GPD	267億米ドル（2018年：世銀）
兵力	15100人陸軍13,500人、空軍1,600人
国防費	約337百万米ドル

▎忙しい人用　1分で分かるアフリカの脱中国問題

　21世紀に入り、中国のアフリカ進出が加速している。その主たる目的は、中国自らの経済成長に必要な石油、鉄鉱石などエネルギー・資源・原料を全地球規模で分散確保すること、そうしたエネルギー・資源輸出のための港湾、鉄道・道路、労働者用住居、電力などのインフラ開発計画を受注すること、及び中国製品の輸出先として新たな消費者市場を確保することの3つだといわれている。

　しかし、こうした中国のやり方については問題が少なくない。最近西側諸国を中心に、中国のアフリカ進出は、「新植民地主義、新重商主義、第二の中国大陸」ではないか、といった厳しい批判が聞かれるようになった。中国のアフリカ進出については、現地雇用や産業基盤があまり創出されず、インフラ整備から得られる収益のほとんどがアフリカに還元されない一方、対中債務だけが増加していく」との指摘が根強い。

　当事者であるアフリカ諸国の一部からも、「中国は以前からアフリカの原材料のみに関心があり、その無条件の融資や支援は汚職を招き、アフリカ諸国に『債務の罠』と呼ばれる持続不可能な債務を負わせている」「大規模な港湾整備などのプロジェクトは実際には中国のため軍事基地となっている」といった批判が絶えない[40]。

　これに対し中国側は、「そうした腐敗した政府を選挙で選んだのはアフリカの人々であるが、中国政府が交渉できるのは彼らの政府だけだ。橋や病院を造るのは大統領や高官のためではなく、アフリカ諸国の一般国民のためである。中国の対アフリ

カ支援はその国の国民を主な対象としており、腐敗した政府や当局者に資金は流れていない」などと反論する[41]。

　2020年春以降、多くのアフリカ貧困国では新型コロナウイルス感染拡大による経済的な影響により債務返済能力が低下しており、中国を含む債権国に債務救済を求める声が高まりつつある。この点につき、中国を含む20カ国・地域（G20）は差し迫る危機を回避するため、貧困75カ国余りに対する政府債務の返済を20年猶予することで合意した。

　国家機関による、高度に制度化された、豊富で多様な政治的、経済的支援を恒常的に得られる中国企業は、先進国企業に比べ、アフリカでの開発や資源獲得競争において常に優位に立ってきた。こうした中国の対アフリカ支援は過去数十年間一貫して行われてきたが、中国がアフリカを「一帯一路」という巨大な経済圏構想の中に位置付けたのは比較的最近のことである。

　中国政府はアフリカ諸国への協調的債務救済計画を前向きに検討する一方、ザンビアなど一部アフリカ諸国では、融資の条件として銅山など戦略的国家資産を担保として中国政府に差し出す取引が進行中とも言われる。単純な債務繰り延べではなく、途上国の「虎の子」の資源を狙う中国の姿勢は、今後ともアフリカ諸国の「脱中国」の流れを加速する可能性が高い[42]だろう。

▐ もう少し詳しく知りたい人が読む部分

歴史的経緯[43]

1950年代〜2000年代

　中華人民共和国（中国）は建国直後の1950年代から第三世界との連帯を強化する一環として対アフリカ援助を重視してきた。1956年には、国内の経済逼迫や物資欠乏にもかかわらず、早くもタンザニア・ザンビア間の鉄道敷設を手掛けている。1960年代にはアフリカ諸国の国連加盟が相次いだが、中国は経済援助を通じてアフリカ諸国との政治関係強化に成功し、1971年には国連に復帰、安全保障理事会常任理事国の地位を獲得している。

　中国の対アフリカ援助は、文化大革命など国内の混乱もあり一時低迷した時期もあったが、改革開放後の1980年代にはアフリカに対する経済援助も復活し、2000年には中国・アフリカ協力フォーラムを設立するなど対アフリカ援助を一層強化している。当時の対アフリカ援助の特徴としては、主として開発途上国に対する支援を通じ国連での政治的影響力を高めることに重点が置かれていたことが挙げられよう。

　従来、中国の援助資金は基本的に元建てで、無償援助、無利子借款、優遇借款に分類されてきた。無償援助は主として中小型福祉プロジェクト、人的資源開発、技術協力などに充てられ、無利子援助は返済期間20年で社会インフラや民生プロジェクトの開発に、優遇借款は金利2〜3％、返済は15〜20年で中国輸出入銀行から経済インフラや大型プラントに、それぞれ供与さ

れている。

2010年代以降

　2009年までの中国の対外援助累積総額は2562.9億元で無償援助と無利子借款が7割を占めていた。ところが、2010–12年には、総額893.4億元の援助の中で無償援助と無利子借款の比重が下がり、逆に有利子の優遇借款が対外援助の過半を占めるようになった。また、2010–12年の援助ではフルセット型（全ての産業分野を一定レベルで一国内に抱え込む経済構造）のインフラ建設が78％に達し、地域的にもアフリカが52％とその過半を占めている。

途上国側の主張

　最近のフルセット型インフラ建設は、中国企業が引き受け、中国人労働者を帯同する、ひも付きのドル建て援助が大半であるが、こうした中国の手法には開発途上国を中心に批判が少なくない。今や中国の途上国支援は、以前のような採算を度外視した慈善事業的なものではなく、むしろ中国の財・サービスの輸出を促進し、中国の生産、労働力のはけ口となり、外貨稼ぎの手段にもなるという、中国に一方的に有利な「利益追求型」になりつつあるというのだ。

　中国の支援額の巨額さ、金利の高さ、返済期限の短さは、いずれもアフリカの途上国には厳しい条件となっている。また、中国の援助には隠れた債務条項があり、途上国が返済不能になれば、鉱物資源による返済や港湾の使用権譲渡などの過酷な条件が課されているとも批判されている。実際に、債務返済が不

可能となった結果、中国がスリランカで港湾施設の権益譲渡を
受けたり、アフリカのザンビア、アンゴラなどで鉱物資源を獲
得したりする例もあるようだ。

中国側の主張

　こうした状況に対し、習近平国家主席は2020年6月17日、新
型コロナウイルス関連の中国・アフリカ緊急サミット（ビデオ
会議）で演説し、COVID‐19の影響で財政が逼迫する一部ア
フリカ諸国に対し、債務免除あるいは返済猶予延長をすると述
べた。同国家主席は演説の中で、2020年末に満期を迎える中国
政府の無利子貸付の返済免除を打ち出すとともに、G20の債務
返済猶予イニシアチブに沿った債務返済猶予を中国金融機関に
促している[44]。

　また、同時に発表された共同声明では、中国が「ポスト・コ
ロナ」アフリカのデジタル経済加速に向け遠隔医療、遠隔教育、
5Gやビッグデータの分野で支援するなどと述べている。以上
の通り、対アフリカ援助については中国側も一定の配慮をせざ
るを得ないようだが、民間債務との関係もあり、一時的な返済
猶予や債務免除のみでは問題解決とはならないだろう。

世銀「2021債務報告」

　2020年10月、世界銀行（以下、世銀）はDebt Report 2021を
公表した。同報告は2019年の債務国の負債状況だけでなく、従
来把握が難しかった債権国側の状況、特に中国の対外債権の実
態を明らかにしている。特に、同報告は一部アフリカ諸国の対
中債務の依存度の高さを具体的に示しており、内容的に重要と

思われるので、その一部をご紹介したい。

アフリカ重債務国の長期債権債務表[45]（出典：世銀Debt
Report 2021、単位：億ドル）

国名	全債務の GNI比	二国間債務 合計	中国債権額	二国間債務の 中国の割合
アンゴラ	60.2%	165.4	150.5	91.0%
ケニヤ	36.6	102.5	74.9	73.1
エチオピア	33.1	84.9	65.3	76.9
ガーナ	41.1	32.3	15.9	49.2
ザンビア	120.1	35.8	30.0	83.8
カメルーン	33.7	51.9	34.4	66.3

Debt Report 2021によれば、対象となった重債務国73ヵ国の
2019年の債務総額は7440億ドルでGNI比は「危機的」ともされ
る33％に達した。そのうち、二国間の公的債務総額1780億ドル
の中では、中国の債権が63％（約1120億ドル）と過半を占め、
2013年の45％から大きく増加した、と指摘している。

　個別債務国を見ても中国が占める割合は圧倒的に高く、同報
告によれば、中国は元本支払い額だけでなく、利子支払いにつ
いても全ての債務国の中で異常に高くなっている。特に、エチ
オピア、ケニヤ、カメルーンでは、中国の債権は国際機関全体
の債権より少ないにも拘らず、利払いや元本返還の総額では、
中国の方が国際機関より多い状況にあるという。

中国の対外資金供与やインフラ投資は、政治体制などへの制約がなく、契約成立が早く、実行も早いため、特にアフリカなどの途上国では一定の評価があることは事実だろう。他方、一帯一路構想が急激に進む中で行われている現在の中国対外支援モデルは、現地への恩恵が少なく、事実上の「新植民主義」であり、その対外融資は「債務の罠」だとする批判も根強い。

　こうした批判の背景には、中国が急成長する自国経済と、その輸出品に対する新しい消費者市場に対応するために、必要不可欠な原料、特に原油や鉄鉱石の入手を重視するようになったことがある。21世紀の終わりまでに原料の輸入を加速する必要に直面した中国は、地球規模でエネルギー・資源の分散供給を確保すべく政策変更を進めたのであろう。

今後の見通し【以下は筆者の個人的な分析】

　第二次大戦後、反覇権主義と第三世界との連帯をスローガンに、いわば採算度外視で始まった中国の対外経済援助も、近年になると利益誘導色の強い、中国側にとって圧倒的に有利な方式へと変化しつつある。特に、ひも付き融資の、一括請け負い方式で、中国企業が契約して、大規模なインフラを作れば、中国経済も潤い、かつ、ドル建て契約により貴重なドルを稼ぐことも可能となっている。

　他方、近年、中国の資金供与が大規模になると、これまでの利点が逆に欠点に変わりつつある。一般に、資金供与する相手国は貧しく、投資の回収は必ずしも容易ではない。しかも、中国の融資条件が厳しすぎるため、不良債権が拡大し、元利の回収は一層困難となっている。こうした状況は一時的な債務繰り

延べ等の措置だけでは解決不能になりつつある。

　コロナ禍の世界的蔓延により世界経済の回復には相当時間がかかりそうだ。されば、アフリカを中心とする開発途上国の経済状況の更なる悪化は、中国の債権回収を一層困難にする可能性が高い。「債務の罠」への批判が高まる中で、今後の債務処理をめぐり、債務国、国際機関、他の双務債権国、更には民間債権者との関係など解決すべき課題は多い。中国の対アフリカ経済支援は曲がり角に差し掛かっていると言えるだろう。

第六章

香港国家安全法

基本中の基本

　香港は香港島、九龍半島、新界などからなる、現在は中華人民共和国広東省南部の地域であり、1839〜42年のアヘン戦争の結果、香港島、九龍半島、続いて新界が順次、大英帝国の植民地となった。その後、1984年の英中共同声明の結果、香港は英国から中華人民共和国に返還され、一国二制度の原則の下、1997年7月1日から中国の特別行政区となり、現在に至る。

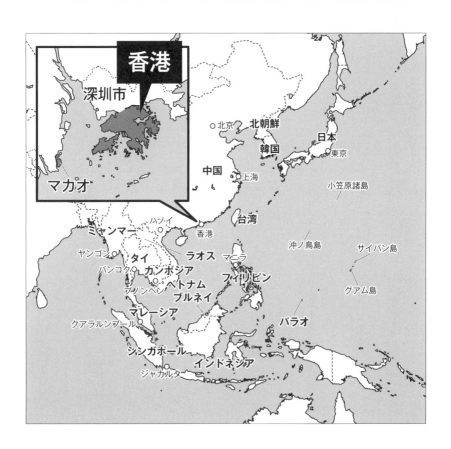

中華人民共和国

面積	約960万平方キロメートル（日本の約26倍）
人口	約14億人
GPD	13.61兆ドル
兵力	総兵力推定約203.5万人 （陸軍約97.5万人、海軍約25万人、空軍約39.5万人、ロケット軍（戦略ミサイル部隊）約12万人、戦略支援部隊約14.5万人、その他約15万人）
国防費	約20兆2,881億円

香港

面積	1,106平方キロメートル（東京都の約半分）
人口	約734万人（2016）
GPD	3,208億米ドル
国防費	中国中央軍事委員会が責任を有する。 陸、海、空三軍からなる香港駐留部隊が駐留。

▌忙しい人用　1分で分かる香港国家安全法問題

　2020年6月30日深夜、中国の全国人民代表者会議は香港国家安全維持法（以下、国家安全法）を公布・即時施行した。既存の香港法令に優越する同法は、香港に国家安全維持委員会を創設し、国家分裂罪、国家権力転覆罪、テロ罪、外国との共謀罪を最高刑死刑の犯罪と規定する。中国本土への容疑者移送と海外メディアに対する指揮権を認める同法は香港内の香港人はもちろん、海外にいる非香港人をも処罰の対象としている[46]。

国家安全法に関し中国政府は、中央政府は国家の安全維持に最終的責任を負う、「一国二制度」の長期的安定のための抜本策は一刻の猶予も許されず、「一国二制度」、「港人治港」、「高度な自治」の方針は変わらない。「中英共同声明」の英国側との関係条項は履行済であり、中国側の政策表明は英国側に対する約束ではない。関係立法は香港市民の権利・自由に影響を与えず、むしろ、香港の金融・貿易・海運センターとしての地位の維持に資する」と主張する[47]。

　これに対し、米国務省は、「中国共産党は国連に登録された国際条約により約束した香港の自治を破壊した。香港の民主制度、人権、司法の独立と個人の自由を麻痺させた国家安全法の施行を米国は非難する[48]」と批判する。また、英米仏独など欧米主要国は香港との犯罪人引渡し条約を停止するなどの措置をとっている。

　歴史的に見れば、香港は1839年から1842年のアヘン戦争の結果、香港島、九龍半島、新界などが順次大英帝国の植民地となっていった。その後、香港の返還に合意した1984年の「中英共同宣言」の中で「現行の民主的諸制度の維持」と「香港の高度な自治」が英中両国間で確認され、それに基づいて1997年、香港は正式に中国に返還され、現在に至っている。

　国内法的にみれば、香港基本法23条は香港に国家安全法の制定を義務付けているが、これまで香港では同法は制定されていない。これに対し、中国は基本法18条を根拠に香港「国家安全法」を制定した上で香港に導入した。しかし、国際法的に見れば、拘束力を有する国際約束として既に国連に登録されている1984年の「中英共同宣言」での合意事項との整合性が議論され

得る。

　国家安全法施行直後から、香港ではいわゆる「民主化勢力」活動家などの取り締まりや拘束が相次いでいる。一方、香港はアヘン戦争で「列強に割譲された植民地」であり、近代中国の屈辱の歴史の始まりという象徴的意味を持つ。されば、中国が国家安全法問題で妥協し、反対派勢力取り締まりを緩める可能性は少ない。今後とも中国は香港の民主化勢力などの分断を図りながら、「一国二制度」を事実上骨抜きにする機会を狙っていくだろう。

もう少し詳しく知りたい人が読む部分

歴史的経緯

アヘン戦争と南京条約

1842年	清、アヘン戦争で英国に敗れ、南京条約を締結して香港島を英国に割譲
1860年	清、アロー戦争で再び敗れ、北京条約で九龍を英国に割譲
1898年	清、英国と展拓香港界址専条を締結、新界と200余りの島嶼は1997年までの99年間、英国に租借され、英国は1997年まで香港島、九龍と新界を統治する
1941年 12月8日	日本軍、深圳から香港へ侵攻、12月25日に香港提督は降伏
1942年	中華民国、不平等条約廃止と平等条約締結を求め英国と交渉するも失敗

1949年	中国共産党が中華人民共和国を建国
1978年	中華人民共和国が改革開放を開始、英国と中国は香港問題に関する交渉を開始
1984年 12月19日	香港問題に関する英中共同声明に署名

英中交渉と香港に関する英中共同声明

　1984年12月19日、長い交渉の結果、香港問題に関する英中共同声明が趙紫陽国務院総理とマーガレット・サッチャー英首相により北京で署名された。その後、両国は1985年5月27日に批准公文を交換し、国際連合事務局で登録したことで同声明は国際約束として発効した。

　同声明では香港の地域（香港島、九龍、新界を含む）の回収は中国人民が共有する願望であり、中華人民共和国政府は1997年7月1日に香港に対する主権の行使を再開するとされた。その後、1989年に北京で天安門事件が起き、香港では民主派支持の大規模デモが行われる一方で移民ブームが起きた。こうした移民の大部分は英連邦のカナダ・トロントやバンクーバー、豪州シドニーやシンガポールに向かった。1997年7月1日、英国は香港を中国に譲渡した。

　同共同声明では中国の香港政策の方針について、「中国は一国二制度をもとに、中国の社会主義を香港で実施せず、香港の資本主義の制度は50年間維持される」とし、これらの方針は後の香港特別行政区基本法にも引き継がれた。同基本法と「一国二制度」「五十年維持」の期限は2047年6月30日とされた。

香港返還から「雨傘革命」まで

　1997年7月1日、中華人民共和国は英中共同声明に基づき香港に対する主権を得た。同日、香港特別行政区の設立により156年間の英植民地時代は終わり、香港特別行政区基本法に従い「一国二制度」が実施された。香港市民の大半は中国国籍を取得し、香港特別行政区旅券を申請する権利を得た。

　2014年6月16日、李克強国務院総理が訪英し、「一国二制度と香港基本法に従って香港の繁栄と安定を守ることは両国の利益に符合する」とする共同声明を発表したが、同年7月、英下院は、中国が反対する中、中英共同声明と香港基本法の実施の状況を調査すると発表した。

　2014年9月26日、香港では、普通選挙となる予定だった行政長官選挙で民主派の立候補が事実上排除されたことに反対する学生団体が「雨傘革命」と呼ばれる反政府デモを開始し、10月から香港中心部金融街を長期間占拠し続けた。

　その後、デモ活動は香港市民の反感を買うようになり、2014年12月、警察による強制排除を受けて、具体的な成果が得られないまま失敗に終わった。この間、同年12月に香港入りする予定だった英下院外交委員会の調査団は直前に中国入国を拒否され、当時の外交委員長は「中国政府は（香港は）50年間不変との約束を破った」と述べた。

逃亡犯条例改正案から香港国家安全維持法まで

　2019年2月、香港政府は逃亡犯条例の改正案提出を発表した。これに対し、「一国二制度」の下での香港の自治が揺らぐことを恐れた学生を中心に、3月以降、再び反対運動が巻き起こっ

た。6月9日のデモは主催者発表で103万人、警察発表で24万人が参加し、6月16日には主催者発表で200万人、警察発表で33万8千人が参加した。更に、7月1日にはデモ隊が香港立法会を一時占拠し、2日には警官隊が強制排除を行った。9月1日にはデモ隊が香港国際空港のターミナルを包囲し、出入口にバリケードを築いた。こうして反政府デモは過激化・暴力化が進み、9月4日、行政長官は逃亡犯条例改正案の完全撤回を正式に表明した。

　それにも拘らず、10月1日の国慶節には香港全土で抗議活動が行われ、政府関連施設、香港MTR、親中派の商店が多数破壊された。これに対し、10月4日、香港政府は1967年の香港暴動以来初めて、戒厳令に近い権限を行政長官に与える「緊急状況規則条例」を発動するとともに、デモ隊のマスクや覆面の着用を禁止する「覆面禁止法」を制定・施行した。

　11月24日行われた香港区議会議員選挙では民主派系議員が躍進する中、議席の約7割を占めていた親中派議員の数は激減した。危機感を強めた中国政府は、2020年5月22日、全国人民代表大会で香港に「国家安全法」を適用する可能性につき審議を始め、5月28日、香港に対し「国家安全法」を導入する方針を圧倒的賛成多数で可決、同法の制定方針を採択した。

香港国家安全維持法の発効から現在まで

　2020年6月30日深夜、中国の全国人民代表者会議は香港国家安全維持法を公布の上、即時施行した。既存の香港諸法令に優越する同法は、香港に国家安全維持委員会を創設し、国家分裂罪、国家権力転覆罪、テロ罪、外国との共謀罪を最高刑死刑の

犯罪と規定。中国本土への容疑者移送と海外メディアに対する
指揮権を認める同法は国外の外国人も処罰の対象とする。

　７月８日、中国は「香港国家安全維持法」に基づき、香港に
治安機関「国家安全維持公署」を開設。同公署は香港域内で幅
広い捜査権を持ち、香港市民を中国大陸に送致して中国の裁判
所で裁くことも可能となった。

　８月10日、中国当局は民主活動家や香港の民主派メディアグ
ループの創業者など23歳から72歳までの男女10人を香港国家安
全維持法に違反した疑いで逮捕した。

国家安全維持法が定める四つの犯罪行為

　ここでは、やや長くはなるが、国家安全法が規定する犯罪行
為の範囲が如何に大きいかを理解するため関連条文を引用する。
当然ながら、「如何なる人や組織」とある以上、同法の対象に
は中国以外の人や組織が含まれ、地域的にも、香港や中国国内
に限らず、外国における行為も処罰の対象となる点に留意する
必要がある。

【国家分裂罪】

第二十条

　如何なる人や組織が、次に掲げるような国家分裂や国家統一
の破壊などの行為を、武力を用いるか否かにかかわらず、企図、
実施、参加した場合、犯罪行為とする。

　香港特別行政区または中華人民共和国その他の如何なる部分
を中華人民共和国から分離する行為、その法律的地位を違法に
改変する行為、及びそれを外国の統治に転換する行為

上記犯罪行為の主要分子または犯罪が重大な場合は、無期懲役または十年以上の有期刑とする。積極的に参加した場合は、三年以上十年以下の有期刑とする。参加した場合は、三年以下の有期刑、拘留または管理統制とする。

第二十一条

　如何なる人も上記第二十条に規定する犯罪行為を煽動、協力、教唆、金銭または財産物資の提供援助をしてはならない。行った場合は犯罪行為となる。状況が重大な場合、五年以上十年以下の有期刑とする。状況が軽微な場合は、五年以下の有期刑、拘留または管理統制とする。

【国家政権転覆罪】

第二十二条

　如何なる人や組織は、武力、武力の使用威嚇またはその他の違法手段を以て次に掲げるような国家政権転覆行為を行ってはならない。行った場合、犯罪行為となる。

　①中華人民共和国憲法で確立された中華人民共和国根本制度を転覆、破壊する行為

　②中華人民共和国中央政権機構または香港特別行政区政権機構を転覆する行為

　③それらの法に則った職務遂行や能力を妨害や破壊する行為

　④香港特別行政区政権機構の場所や設備を破壊や攻撃し、正常な職務遂行を不能とする行為

上記犯罪行為の主要分子または犯罪が重大な場合は、無期懲役または十年以上の有期刑とする。積極的に参加した場合は、三年以上十年以下の有期刑とする。参加した場合は、三年以下

の有期刑、拘留または管理統制とする。

第二十三条

　如何なる人も上記第二十二条に規定する犯罪行為を煽動、協力、教唆、金銭または財産物資の提供援助をしてはならない。行った場合は犯罪行為となる。状況が重大な場合、五年以上十年以下の有期刑とする。状況が軽微な場合は、五年以下の有期刑、拘留または管理統制とする。

【テロ活動罪】

第二十四条

　中央人民政府、香港特別行政区政府または国際機構を脅迫、または政治的主張を実現する企図を以て、公衆を組織、計画、実施、参加を威圧するなどにより次に掲げる行為を行う場合、テロ活動とし犯罪行為とする。

　①人に対する重大な暴力

　②爆破、放火または毒性、放射性、伝染病病原体など物資を投げる行為

　③交通機関、交通設備、電力設備、ガス設備または可燃性設備を破壊する行為

　④水、電気、ガス、交通、通信、インターネットなど公共サービス及びそれらを統制する電子システムを妨害や破壊する行為

　⑤その他危険な方法で公衆の健康または安全に重大な危害を加える行為

　上記犯罪で、人を重症や死亡に至らしめた、または公共財産に重大な損失を与えた場合、無期懲役または十年以上の有期刑

とする。その他の場合、三年以上十年以下の有期刑とする。

第二十五条

　テロ活動を組織、主導することは犯罪行為とし、無期懲役または十年以上の有期刑とし、かつ財産を没収する。積極的に参加する場合、三年以上十年以下の有期刑とし罰金を科す。その他参加する場合、三年以下の有期刑、拘留または管理統制とし、罰金を科すことができる。

　本法のテロ組織活動組織とは、本法第二十四条に規定するテロ活動行為を実施または企図するまたは、参加または協力する組織を指す。

第二十六条

　テロ活動組織、テロ活動人員、テロ活動実施のために、教育、武器、情報、資金、物資、労務、運輸、技術を提供する、または場所等を支援、協力、便宜を図るまたは、爆発物、毒性物、放射性物、伝染病病原体などの製造、違法管理、その他の形式でテロ活動を準備することは犯罪行為とする。状況が重大な場合は、五年以上十年以下の有期刑とし罰金または財産没収とする。その他の状況の場合、五年以下の有期刑、拘留または管理統制とし罰金を科す。

　前項の行為があり、同時にその他の犯罪を構成する場合は、処罰が重い規定で処罰する。

第二十七条

　テロ主義の宣伝、テロ行為の煽動実施は犯罪行為とする。状況が重大な場合は、五年以上十年以下の有期刑とし罰金または財産没収とする。その他の状況では五年以下の有期刑、拘留または管理統制とし罰金を科す。

第二十八条

　本節規定は香港特別行政区法律のその他形式のテロ活動犯罪の刑事責任追及及び財産等の凍結に影響を及ぼさない。

【外国または外国勢力と結託して国家安全に危害を与える罪】
第二十九条

　外国または外国機構、組織、人のために、国家安全に関する国家秘密や情報をスパイや買収など違法な行為で取得し提供する、次に掲げる行為の実施を外国または外国機構、組織、人に共謀を依頼する、または直接間接に指示、統制、実施の支援を受ける行為は犯罪行為とする。

①中華人民共和国に対して戦争を発動する、または武力を以てまたは武力による威嚇を以て、中華人民共和国の主権、統一に重大な危害を加えること

②香港特別行政区または中央人民政府が制定や執行する法律、政策の実施に対して重大な結果をもたらす重大な妨害行為を働くこと

③香港特別行政区選挙を妨害破壊し、重大な結果をもたらすこと

④香港特別行政区または中華人民共和国に対し制裁、封鎖またはその他敵対行動をとること

⑤違法な行為を通じて香港特別行政区住民の中央人民政府または香港特別行政区政府に対する憎悪を誘発し、重大な結果をもたらす行為

　前項の犯罪は、三年以上十年以下の有期刑とし、重大な場合は、無期懲役または十年以上の有期刑とする。

本条第一款規定がおよぶ国外機構、組織、人は共同犯罪として処罰する。

第三十条

本法第二十条（国家分裂）、第二十二条（政権転覆）に規定する犯罪を実施するため、外国または国外機構、組織、人員と共謀または、直接間接に外国または国外機構、組織、人の指示や統制、資金援助などを受ける行為は、本法第二十条、第二十二条の規定により処罰する。

中国側の主張

2017年6月30日、中国外交部報道官は、「香港の事務は中国の内政である」「主権回復から20年経った2017年、今や中英共同声明は歴史の遺物であり、現実的には既に意味をなさず、中国政府の香港に対する管理に対しても拘束力を持たない」と発言したが、それ以降、中国政府の立場は基本的に変わっていない。

各国の反論

2019年11月19日	米上院、香港人権・民主主義法案を全会一致で可決
2020年5月28日	米英豪、カナダの4か国、共同声明を発表、中国の香港「国家安全法」導入決定に「深い懸念」を示し、中国の行動は「国際的な義務に直接抵触する」と指摘
同日	日本外務省、「全人代での香港に関する議決に関して、香港の情勢を深く憂慮し、一国二制度の下に自由で開かれた体制が維持されるべきだ」とする外務報道官談話を発表

6月18日	G7外相とEU上級代表、中国の決定に関し重大な懸念を示し、「一国二制度の原則や香港の高度の自治を深刻に損なうおそれがある」と発表
2020年 7月3日	国連人権高等弁務官事務所（OHCHR）、「香港国家安全維持法は定義があいまいで範囲が広すぎる」と指摘
同日	カナダ、香港との犯罪人引渡し条約を停止を発表
7月9日	オーストラリア、香港との犯罪人引渡し条約を停止し、技能を持つ香港からの移民に5年間のビザを付与と発表
7月20日	英政府、香港との犯罪人引渡し条約を「即日かつ恒久的に」停止すると発表
7月28日	ニュージーランド、香港との犯罪人引渡し条約を停止すると発表

　その後も7月31日にドイツ、8月3日にフランス、8月19日に米国が、それぞれ香港との犯罪人引渡し条約を停止している。

法的な議論[49]

　香港の憲法に相当する香港基本法の第23条は香港に国家安全法の制定を義務付けている。同時に、香港基本法は、中国の国法を香港に適用することに関する解釈権を全人代の常務委員会に委ねている。他方、基本法第18条は「外交と防衛に関するものを除き、国法は香港には適用されない」とも定めている。

　されば、全人代が一方的に、かつ外交でも防衛でもない治安関連法令を、香港基本法の中に直接書き込もうとする動きは、

基本法第18条と第23条の解釈上疑義が生じる可能性はある。しかし、同法はあくまで香港・中国の国内法である。有権解釈権のない外国政府や団体にとって、こうした議論は必ずしも生産的ではないだろう。

　但し、中国が長年にわたり同法制定を香港に働きかけてきたにも拘らず、これまで香港が同法の制定を怠ってきたことは事実である。今回は、香港での民主化デモの頻発に業を煮やした中国政府が、中国国法の香港適用について規定した基本法18条を援用し、強い決意で香港国家安全法の導入を進めたと見るべきだろう。

　一方、国際法上は中国の措置が、1984年に合意された英中共同宣言の違反となる可能性はある。同共同宣言は現行の民主的諸制度維持と「香港の高度な自治」を確認しており、国際法上拘束力のある国際約束として既に国連に登録済みであるからだ。これに対し、中国側は一貫して「中国の内政に外国が干渉する権利はない」と主張している。

今後の見通し【以下は筆者の個人的な分析】
　「そもそもアヘン戦争以来の歴史的屈辱を晴らして何が悪いのか。中国の国力は米国にほぼ追い付いたが、今、真正面から米国と戦えば、返り血を浴びるばかりか、下手をするとこちらが危ない。他方、今の米国は国内の新型コロナウイルス感染拡大と人種暴動騒ぎなどで忙殺されており、東アジアで大規模軍事攻勢を仕掛ける余裕はないだろう。されば、今こそが香港を骨抜きにする千載一遇のチャンスではないか。」恐らく、中国側の理屈はこうだろう。

こうした中国の動きは決して今回が初めてではない。2010年代半ばに起きた南シナ海人工島建設事件の時も、米国政府は内向き傾向の強いオバマ政権だった。中国は米側が強く反発しないことを慎重に確かめた上で、複数の岩礁の埋め立て工事を強行していった。このことを決して忘れてはならない。されば今後も、中国は対外政策で決して無茶な冒険をせず、状況を見極め、相手が動けない「力の真空」が発生した時に、初めて果敢に行動すると見るべきだろう。

国家安全法の施行につき日本の菅官房長官（当時）は、「国際社会や香港市民が強く懸念する中で議決がなされたことを深く憂慮している」と表明したが、既に欧米では中国に対する厳しい批判や報復措置の議論が始まっている。既存の国際約束を無視し、香港に一方的措置を強要する中国の行動が黙認されれば、東アジアの将来の安定に計り知れない悪影響を及ぼすだろう。

今回、中国に対し香港「一国二制度」の骨抜きを許せば、中国は将来、更に大胆に振る舞う可能性がある。されば、台湾、南シナ海だけでなく、尖閣諸島のある東シナ海でも、今回と同様、中国が国際社会に背を向けた行動に出る恐れもあるだろう。香港が直面する現実は日本にとって単なる「対岸の火事」ではない。

第 七 章

台湾問題

基本中の基本

　台湾は中国福建省沖に位置する台湾島を中心とする島嶼地域
である。1885年には清朝が新設した福建台湾省に属したが、
1895年から1945年までは日本が統治した。その後、国共内戦に
敗れた中華民国政府が台湾に移り、同地域を実効支配している。
1971年に国際連合で中華人民共和国がいわゆる「中国の代表権」
を取得したことに伴い、多くの国は中華民国と国交を断絶した
が、それ以降も世界の主要国は台湾との非公式な関係を維持し
ている。

中華人民共和国

面積	約960万平方キロメートル（日本の約26倍）
人口	約14億人
GPD	13.61兆ドル
兵力	総兵力推定約203.5万人 （陸軍約97.5万人、海軍約25万人、空軍約39.5万人、ロケット軍（戦略ミサイル部隊）約12万人、戦略支援部隊約14.5万人、その他約15万人）
国防費	約20兆2,881億円

台湾

面積	3万6千平方キロメートル（九州よりやや小さい）
人口	約2,360万人（2020年2月）
GPD	6,050億米ドル（2019年、台湾行政院主計處）
兵力	約21.5万人（陸軍　13.0万人　海軍　4万人　空軍　4.5万人）
国防費	107.6億米ドル

▌ 忙しい人用　1分で分かる台湾問題

　台湾問題とは、中国（中華人民共和国）から見れば「一つの中国」問題の核心であり、台湾（中華民国）から見れば「自らの存在」自体に関わる国際法的正統性の問題である。一方、日米などにとって台湾問題とは、一方で「中国は一つであり、台湾は中国の一部である」とする中華人民共和国の主張と、西太平洋の戦略環境の現状維持とのバランスを如何に維持するかの

問題でもある。

　中国政府は、「台湾問題を解決し、中国の完全な統一を実現する」ため、「1979年以後、『一国二制度』方式で平和統一を実現すべく最大の努力を払ってきた」が、90年代以降の「台湾当局の分裂政策」は「両岸の平和統一の基礎をゆゆしく損ない、台湾同胞をふくむ中華民族全体の根本的利益を損ない、アジア太平洋地域の平和と安定に危害をもたらす」と主張する[50]。

　これに対し、台湾（中華民国）は、「台湾人民が既に一国二制度を明確に拒否している」ので、中国はそれを「見極めて自覚を持たなければならない」と主張する。また、中国の対台湾圧力の目的は「台湾の民主、自由憲政体制をつぶし、一国二制度を実現させること」であり、「中華民国の主権や自由、民主主義といった価値観は固く守る」と反発している[51]。

　日本政府の基本的立場は、1972年の日中共同声明第3項にある通り、中華人民共和国政府が、「台湾が中華人民共和国の領土の不可分の一部であることを重ねて表明する」のに対し、「日本政府は、この中華人民共和国政府の立場を十分理解し、尊重し、ポツダム宣言第八項に基づく立場を堅持する」というものである[52]。

　また、米国の立場は、1972年の米中共同コミュニケの中で、中国側の「中国は一つ」との立場を「アクノレッジ」する一方、1979年の台湾関係法により、中国との外交関係樹立は「台湾の未来が平和的に解決されることを期待することを基礎とし」、「台湾に、あくまで台湾防衛用のみに限り米国製兵器の提供」を行い、「アメリカ合衆国は台湾居民の安全、社会や経済の制度を脅かすいかなる武力行使または他の強制的な方式にも対抗

しうる防衛力を維持し、適切な行動を取る」義務を負う、というものだ[53]。

　歴史的、法的に見ると、台湾の法的地位に関しサンフランシスコ平和条約は、「わが国（日本）の領有権を含む『すべての権利、権原』の放棄を規定する」だけに止まっているが、これは1949年以降の中国が大陸と台湾に事実上分裂する中で、サンフランシスコ平和条約の当事国間で台湾をいずれの中国に帰属させるかにつき国際的合意が得られなかったためである。

　台湾の将来については見方が分かれる。台湾が現状、すなわち「独立国家宣言はないが、実質的には独立している状態」を維持する限り、米国は軍事的に劣勢である台湾を支援し、中国による武力解放は抑止される、とする見方が多かった。しかし、今や中国は単独台湾武力解放能力を獲得しており、中台間で不測の事態が生じる可能性を懸念する声も高まりつつある。

┃┃もう少し詳しく知りたい人が読む部分

歴史的経緯

先史時代

　中華人民共和国の歴史学者は、『三国志·呉志』、『隋書·流求伝』などを根拠に、古くから台湾は東海（東シナ海）にある島として認識されていたと主張する。台湾のうち澎湖諸島については、元代に巡検司が設置され福建省泉州府に隷属したとの記録はあるが、明代まで台湾本島は、「近海を航行する船舶の一時的な

寄港地、倭寇の根拠地」と理解されていたようだ。いずれにせ
よ、台湾が正式に中国版図に組み入れられたのは清代になって
からである。

オランダ占拠時代（1624年－1662年）

　台湾島を初めて組織的に支配したのはオランダの東インド会
社であり、明朝領有下の澎湖諸島を占領後、1624年に台湾島の
南部を制圧して要塞を築いている。しかし、この台湾・東イン
ド会社は、1661年から「抗清復明」の旗印を掲げた鄭成功の攻
撃を受け、翌1662年には、進出開始から37年で、台湾から全て
放逐されている。

明鄭統治時代（1662年－1683年）

　1644年の明朝滅亡後も明朝の皇族遺臣達は、「反清復明」を
掲げて清朝への反攻を繰り返したが、1661年に滅亡している。
当時「反清復明」を唱え戦っていた鄭成功の軍勢は、1662年、
台湾のオランダ・東インド会社を放逐し、台湾は史上初めて漢
民族による統治を受けるようになった。

満清支配時代（1683年－1895年）

　1683年、清朝は鄭氏政権を攻撃し台湾を制圧した。その後清
朝は台湾を福建省に編入したが、台湾本島における清朝の統治
範囲は限定的であった。他方、中華民国と中華人民共和国は、
清朝の主権は台湾だけでなく、釣魚島（尖閣諸島）にも及んで
いたと主張している。

　1871年、宮古島島民が台湾近海で遭難した後、54人が台湾原

住民に殺害される事件が起きた。日本政府は清朝に厳重に抗議し、1874年には日本による台湾出兵が行なわれた。1885年には清朝が台湾を福建省から分離して台湾省を新設し、台湾各地の近代化を進めた。

　清朝は、1894年に始まった日清戦争に敗れ、翌1895年4月17日の下関条約（馬關條約）により、台湾は遼東半島、澎湖諸島とともに清朝から大日本帝国に割譲され、大日本帝国の外地として1945年まで台湾総督府の統治下に置かれた。

中華民国統治時代（1945年－現在）

　1945年10月17日、降伏した日本軍の武装解除のため、蔣介石率いる中華民国・南京国民政府軍約1万2,000人と官吏200余人が台湾に上陸した。南京国民政府は台湾を中華民国の領土に編入し台湾統治を開始した。しかし、国民党当局や政府軍の腐敗が激しかったことから地元の台湾人は反発し、1947年2月28日には台湾人民衆が蜂起する二・二八事件が起きた。

　その際、蔣介石は事件を徹底的に弾圧し、国民党の独裁を進めて、台湾省政府による台湾統治を強化した。なお、日本はサンフランシスコ平和条約や日華平和条約において台湾の領有権を放棄したものの、両条約はいずれも台湾の中華民国への返還（割譲）を明記していない。

台湾の主張

　中華民国（台湾）側の主張は次の通りである。「1945年9月2日調印のポツダム宣言に伴い、中華民国の南京国民政府は、連合国軍の委託を受け、駐台湾日本軍の武装解除を行うために

台湾へ軍を進駐させた。1943年のカイロ宣言に従い、1945年10月25日、台北で日本側の安藤利吉台湾総督・第十方面軍司令官が降伏文書に署名し、中華民国は台湾の実効支配を開始した。

　国民党独裁期の中華民国は台湾への根拠地移動後も、「中国の正統国家」を主張し、「台湾は中国の一部」という見解を持っていた。しかし、そうした考えはあくまで大陸からやってきた国民党関係者の意見であり、以前から台湾に住んでいた「台湾人」や明朝末から清朝初期に大陸から渡って来た「客家人」の意識とは異なる。」これがいわゆる「台湾独立論」の根源である。

　今日の台湾世論の大勢は、台湾が中華人民共和国の主権に帰属するものではなく、中華民国という国家であるという点で一致しているという。しかし、その実態は、「台湾も中華人民共和国も同じ中華民族の国家である」とみなす国民党系と、「台湾と中国は別々の国である」とする民進党系や独立派の意見が並立しているのであり、必ずしも世論が一つに収斂している訳ではないようだ。

中国の反論

　中華人民共和国は「台湾は中華人民共和国の不可分の領土であり、台湾が独立することは許さない」とし、台湾独立に反対する主張を一貫して繰り返している。この点については後に詳述する。

法的な議論[54]

　台湾をめぐる法的問題は大別して３つある。

「台湾帰属」問題

　1945年10月25日の中華民国による台湾実効支配の開始時点では、厳密に言えば、行政権が中華民国に移譲しただけであり、国際法上、台湾島地域は依然として日本国の領土であったともいえる。1949年10月１日の中華人民共和国建国後、共産党と国民党の間で「中国を代表する正統な政府」としての権利、「台湾の政治的地位」と「主権帰属」をめぐる対立が深刻化していった。一方、日本政府は、1951年のサンフランシスコ講和条約及び1952年の日華平和条約において台湾島地域に対する権原を含め一切の権利を放棄したが、それらの帰属先が明言されていないため、台湾島地域の国際法上の領有権は現在でも未確定とする見方もある。

「一つの中国」問題

　「中国を代表する正統政府」や「一つの中国」の問題は1972年の米中国交正常化の際の最大の懸案であった。同年のいわゆる「上海コミュニケ」第12項で米側はこう述べている。

　「米側は、台湾海峡の両側の全ての中国人が、中国は一つだけであり、台湾は中国の一部と主張していることをアクノレッジ（認識）する」「米側はそうした立場に挑戦しない」

　中国はこれにより米国が「一つの中国」を認めたと主張するのだが、実は米側は中国の立場に「同意」とも、「承認」とも言っていない。ただ「認識（アクノレッジ）する」、すなわちそうした中国側主張が「存在することは認める」と言っているに過ぎない。ちなみに日中共同声明でも日本政府は中国の立場を「十分理解し、尊重」するとしか述べていない。これも米国

と似たような立場の表明である。

台湾と日米安保の関係

　台湾問題は中国の「核心的利益」の一丁目一番地であるが、台湾と日米安保条約との関係については、やや古いが今も基本的に変わらない、日本政府の基本的立場がある。それは1960年のいわゆる「極東の範囲」に関する政府統一見解、1969年の佐藤ニクソン共同声明とその後行われた佐藤首相のナショナル・プレスクラブでの発言である。

　簡単に言えば、「台湾」地域は日米安保条約の適用対象である「極東」に含まれ、台湾の平和と安全は「日本の安全にとって重要な要素である」ので、仮に台湾に対する武力攻撃があり、これに米国が対応すれば、日本は日米安保条約上の事前協議に対し、「前向きに、かつすみやかに態度を決定する」ということである。念のため、これらを改めて正確に再録しておこう。（下線は筆者注）

極東の範囲（昭和35年2月26日政府統一見解」）

　日米両国が、条約にいうとおり共通の関心をもっているのは、極東における国際の平和及び安全の維持ということである。この意味で実際問題として両国共通の関心の的となる極東の区域は、この条約に関する限り、在日米軍が日本の施設及び区域を使用して武力攻撃に対する防衛に寄与しうる区域である。かかる区域は、大体において、フィリピン以北並びに日本及びその周辺の地域であって、韓国及び中華民国の支配下にある地域もこれに含まれている。（「中華民国の支配下にある地域」は「台

湾地域」と読替えている。)

佐藤栄作総理大臣とリチャード・M・ニクソン大統領との間の共同声明 (1969年11月21日)

第四項　総理大臣と大統領は、特に、朝鮮半島に依然として緊張状態が存在することに注目した。総理大臣は、朝鮮半島の平和維持のための国際連合の努力を高く評価し、韓国の安全は日本自身の安全にとつて緊要であると述べた。総理大臣と大統領は、中共がその対外関係においてより協調的かつ建設的な態度をとるよう期待する点において双方一致していることを認めた。大統領は、米国の中華民国に対する条約上の義務に言及し、米国はこれを遵守するものであると述べた。総理大臣は、台湾地域における平和と安全の維持も日本の安全にとつて極めて重要な要素であると述べた。

ナショナル・プレス・クラブにおける佐藤栄作内閣総理大臣演説 (同上)

　現実の国際社会においてわが国の安全は、極東における国際の平和と安全なくしては十分に維持することができないのであります。ここに広く極東の安全のために米軍が日本国内の施設、区域を使用するという形での日米協力という安保条約の第2の目的が浮び上つてまいります。わたくしが、この施設・区域の使用に関する事前協議について、日本を含む極東の安全を確保するという見地に立つて同意するか否かを決めることが、わが国の国益に合致するところであると考えるゆえんもここにあります。

特に韓国に対する武力攻撃が発生するようなことがあれば、これは、わが国の安全に重大な影響を及ぼすものであります。従つて、万一韓国に対し武力攻撃が発生し、これに対処するため米軍が日本国内の施設、区域を戦闘作戦行動の発進基地として使用しなければならないような事態が生じた場合には、日本政府としては、このような認識に立つて、事前協議に対し前向きに、かつすみやかに態度を決定する方針であります。

　台湾地域での平和の維持もわが国の安全にとつて重要な要素であります。わたくしは、この点で米国の中華民国に対する条約上の義務遂行の決意を十分に評価しているものでありますが、万一外部からの武力攻撃に対して、現実に義務が発動されなくてはならない事態が不幸にして生ずるとすれば、そのような事態は、わが国を含む極東の平和と安全を脅かすものになると考えられます。従つて、米国による台湾防衛義務の履行というようなこととなれば、われわれとしては、わが国益上、さきに述べたような認識を踏まえて対処してゆくべきものと考えますが、幸いにしてそのような事態は予見されないのであります。

今後の見通し【以下は筆者の個人的な分析】

　以上の通り、台湾問題は実に複雑である。台湾が中華人民共和国の領土の不可分の一部であるとの中国の主張を日本が受け入れれば、台湾防衛のための米国の軍事行動は中国の国内問題への違法な干渉となってしまう。1972年の日中共同声明案交渉過程では、日本側が中国の主張を受け入れることなく、台湾独立は支持しないことで事実上中国側と握った、ということだ。

　米中の上海コミュニケの中で、米側は台湾問題について、「米

国は、台湾海峡の両岸のすべての中国人は、中国は一つであり、台湾は中国の一部であると主張していることを認識する（acknowledge）」と述べている。米側の非公式説明は、「アクノレッジ」とは、文字通りアクノレッジという意味であり、それ以上のものではない、中国人が主張している事実を認めたのであって、主張そのものを認めたものではない、というのが日本側交渉担当者の理解である。

つまり、「台湾問題は、台湾海峡の両岸の当事者間の話し合いによって平和的に解決されるというのがわが国の希望である。台湾が平和的に中華人民共和国に統一されるのであれば、日本は当然これを受け入れる。当事者間の平和的話し合いがある限り、台湾問題は中国の国内問題と認識され、台湾をめぐり安保条約の運用上の問題が生じることはない」ということだ。

他方、「将来万一中国が武力を用いて台湾を統一しようとして武力紛争が発生した場合には、事情が根本的に異なるので、わが国の対応については、立場を留保せざるを得ない。」これが1972年の長い日中交渉の結果出来上がった芸術的ともいえる日中間合意の本質である[55]。問題はこの美しき妥協の土台が最近徐々に腐食し始めている可能性があることだ。

2020年9月初旬、米国の外交専門誌に「米国は台湾防衛意図を明確化せよ」と論ずる小論が掲載された。著者は米外交評議会会長で元国務省政策企画局長のR・ハース氏。従来米国の台湾政策は、中国の台湾侵攻への対応を明確にしない「戦略的曖昧さ」だった。1972年のニクソン訪中以来、米国はこの曖昧さにより中国の台湾侵攻と台湾の独立宣言を抑止し、東アジアの現状を維持してきた。

ところが、このハース論文はこの伝統的「曖昧戦略」を180度転換し、米国の台湾有事直接軍事介入意図を明確にすべしと主張する。「曖昧戦略では軍事的に強大化した中国を抑止できない」「台湾防衛意図の明確化という方針変更は『一つの中国』政策の枠内で可能」「むしろ米中関係を強化する」というのだ。

　1979年の米国台湾関係法は「台湾の将来の非平和的決定を脅威」とみなし台湾への「武器供与」も規定するが、「米国の台湾防衛義務」にまでは言及していない。これに対し、ハースは「中国の軍事的優位は明らかで、米国が中国の行動を待って態度を決めるのでは遅すぎる」「台湾再統一の際、万一米国が台湾を守らなければ、日韓は米国に頼れないと判断、対中接近か核武装により、次の戦争の原因になる。曖昧戦略は地域の現状維持に資さない」、と論ずる。

　これに対しては有力な反論がある。「曖昧戦略放棄は1972年の米中正常化の前提を否定するので、中国は台湾問題の平和的解決約束を反故にし、台湾の安全はむしろ害される」「米国が防衛しなければ同盟国の信頼は失われるが、他方彼らも台湾防衛義務まで負う気はないので、戦略的曖昧さは同盟国の利益でもある」「曖昧さによる抑止は今も可能であり、これまでも抑止は働いてきた。仮に戦略を転換しても、米中戦争は誰も望んでおらず、米国は実行不可能な『レッドライン』の罠に嵌るだけだ」という主張である。

　トランプ政権は政権交代までの最後の2か月間に、台湾支援を強化する施策を矢継ぎ早に実施している。その目的は、こうした既成事実の積み上げにより、2021年1月20日の政権交代によっても、トランプ政権の台湾政策を「不可逆的」なものとす

るため、との見方も根強い。バイデン政権の誕生で米国の台湾
に対する「曖昧戦略」は変化するのか、変化するとすれば、ど
の程度なのか。今後も米国の台湾政策をめぐる米国内での議論
には目が離せない。

第 八 章

中国インド国境線

基本中の基本

　インドと中国の国境線は、ネパールとブータンを除く約二千キロの多くが、未だ確定していない。中印両国は、1962年の国境紛争以来、西はパキスタンも絡むジャム・カシミール州、その南東に隣接するヒマチャル・プラデシュ州とウッタラカンド州、東はネパールとブータンの間にあるシッキム州とブータン東方のアルナチャル・プラデシュ州などの領有権をめぐり長年対立してきた。1993年以降、両国は国境問題を「棚上げ」し、2003年には中国によるシッキムのインド領承認とインドによるチベットの中国領承認を相互に行うことでは合意したものの、現在も国境線につき最終的合意に至る可能性は見えていない。

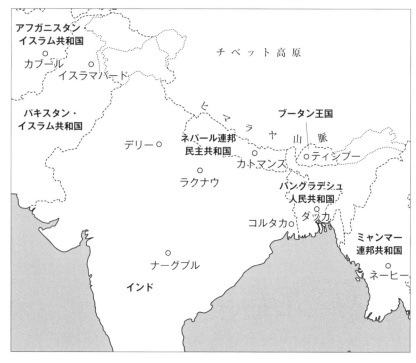

中華人民共和国

面積	約960万平方キロメートル（日本の約26倍）
人口	約14億人
GPD	13.61兆ドル
兵力	総兵力推定約203.5万人 （陸軍約97.5万人、海軍約25万人、空軍約39.5万人、ロケット軍（戦略ミサイル部隊）約12万人、戦略支援部隊約14.5万人、その他約15万人）
国防費	約20兆2,881億円

インド

面積	28万7,469平方キロメートル（インド政府資料：パキスタン、中国との係争地を含む）（2011年国勢調査）
人口	12億1,057万人（2011年国勢調査）
GPD	2兆7,263億ドル
兵力	136万人（2018年）（Military Balance 2019）
国防費	約552億ドル（2018年）（Military Balance 2019）

▌ 忙しい人用　1分で分かる中印国境問題

　1949年に建国された中華人民共和国にとって最も重要な作業は新国家の国境画定であった。中でも中国が最も確定を急いだ国境の一つが南方インドとの国境であったという。当時、チベットを平定した中国人民解放軍は軍事的に強力であり、チベットとの関係が強かったインドに対し、中国は中印相互の勢力範囲を出来るだけ早期に確定することを望んだといわれる。

一方、インド側の態度は中国が想像する以上に硬く、当時の
ネルー首相は基本的に「国境は確定済」との姿勢を崩さなかっ
た。1954年、両国は「平和共存五原則協定」に署名したが、当
時インドはこの協定により、長い両国国境地帯の中部・シッキ
ムだけでなく、西部・カシミールと東部アルナチャル・プラデ
シュについても、国境は画定されたと見ていたようだが、中国
側の理解はインド側のそれと大きく異なっていた。

　こうして1962年、遂に中印間で国境紛争が勃発する。結果は
中国側の圧勝であったにもかかわらず、中国人民解放軍は最終
的に東部国境地帯から撤退した。そのため国境は、係争中の西
部地域は中国が、東部地域はインドが、それぞれ実効支配する
という戦争前の状態に戻ったが、その後両国間の国境画定交渉
自体は長期にわたって停滞した。

　その後、ソ連崩壊により中印両国の関係改善が進み、1993年
には両国間で国境問題を棚上げする協定が結ばれた。2003年、
中国は中部シッキム州に対するインドの主権を承認するなど一
定の譲歩も行っている。中国は最終的に、インドが占有する東
部と中国が占有する西部の実効支配を互いに承認し合う「相互
譲歩」パッケージでインドと国境を画定することにより、両国
関係の更なる関係改善を目指しているようだ。

　それにもかかわらず、インド側は国境画定交渉に積極的では
ない。近年の中国の台頭に鑑み、国内政治的に、領土上の対中
「譲歩」を伴う国境画定を行う状況にはないのだろう。近年は
国境地域でのインド軍の作戦能力が向上しているともいわれて
おり、インドとしても当面は現状維持を志向し続けるだろう。

　こうした背景に鑑みれば、2002年6月以降勃発した中印国境

「衝突」事件等も、最近の対中軍事戦略バランスの好転を踏まえ、中印間の妥協を受け入れようとしないインドの姿勢に業を煮やした中国側が、態度を硬化させたと見ることも可能である。いずれにせよ、歴史的に中印国境問題の本質はチベット問題であったのであり、チベット問題が未解決である限り、中印国境の画定も容易ではないだろう[56]。

┃ もう少し詳しく知りたい人が読む部分

歴史的経緯

　中印国境は現在に至るまで確定していない。一つの理由は、現在の境界線のほぼ全域がヒマラヤの高山地帯にあるため正確な国境線がそもそも曖昧であったことだ。しかし、より大きな理由は、20世初頭、この地域が辛亥革命以降の中国（中華民国）と、長年英国の植民地であったインドという二つの勢力圏の交差点であった複雑な歴史的背景である。

1913－14年のシムラ合意

　当時イギリス帝国はチベットの支配を狙っていた。1903年、英国軍はチベット侵攻を開始し一時はラサを占領するが、その後1910年に清軍が反撃に転じ、チベットの混乱は深まった。辛亥革命で清朝が滅亡すると、英国は中華民国の支配が及ぶ前にチベット占領に成功し、1913－14年にシムラで英国、中華民国、チベットの三者会議が開かれた。

　英国全権代表ヘンリー・マクマホンは、中華民国抜きでイン

ド領の国境線を北上させる案（いわゆるマクマホン・ライン）でチベットと合意する一方、チベットを、形式的には中華民国の主権下ながら、実質的には独立した統治体として承認した。これに対し、当時チベットを実効支配していなかった中華民国は、このシムラ合意そのものを承認していない。

　両国間の国境紛争は1914年のシムラ会談が決裂して以降一時沈静化したが、1949年に建国された中華人民共和国が1950年にチベットに侵攻し、同地を実効支配するようになって状況は一転した。1956年にチベット動乱が起き、1959年にはダライ・ラマ14世のチベット亡命政府がインドに亡命して以降、中印両国の国境の解釈をめぐる対立は一層深刻化していった。

1962年の中印国境紛争

　中印国境紛争は1962年10月20日から約一カ月続いた。

　東部ではブータン東方の東北辺境地区（アルナチャル・プラデシュ州）で激しい戦闘となった。結果は中国人民解放軍の圧勝に終わったが、中国側は最終的にアルナチャル・プラデシュから撤兵している。

　また、中部では当時インドの保護国だったシッキム王国のナトゥ・ラ峠を挟んだ地域で中印軍による小競り合いが起きたが、最終的に峠の西側が中国支配地域となった。

　更に、西部方面ではジャム・カシミール等とその東部地域のアクサイチンで戦闘が勃発、中国人民解放軍がアクサイチンに侵攻して同地の実効支配を開始した。これに呼応するように、1965年８月にはパキスタンが武装集団をカシミールのインド支配地域に送り込んだため、第二次印パ戦争が始まった。それに

も拘らず、インドと中国の間ではその後も直接交戦は起きなかった。

最近の動き

1993年9月	ラオ印首相、訪中し実効支配線（LAC）付近の信頼醸成措置に関する協定に調印し、国境問題を棚上げすることで合意。
2003年6月	バジパイ印首相、訪中し江沢民国家主席と会談、中国によるシッキムのインド領承認とインドによるチベットの中国領承認を相互に行うことで合意。
2005年4月	シン印首相、訪印した温家宝首相と会談し、「両国が領有を主張する範囲の中で、人口密集地は争いの範囲外」とすることで合意。
2013年4月15日	中国軍、国境付近の中国側で野営地を設営。インド軍も中国軍の野営地近くに部隊を派遣し睨み合いを続けたが、同年5月5日までに両国は部隊撤収で合意。
2017年6月16日	中国軍、ドグラム高原道路建設を開始。ブータン防衛を担当するインド軍が出撃。工事を阻止しようとしたインド軍が中国軍と揉み合いになり、インド側塹壕二つが重機で破壊され、その後二か月間睨み合いが続く。
8月15日	インド・カシミール地方パンゴン湖北岸の国境で中印両軍兵士間で投石などの小競り合い。両軍兵士複数が負傷したが、その後両軍は陣営に帰還。

8月28日	インド政府は、ドグラム高原で睨み合いが続いていた中印両部隊を撤退させることで合意し、両軍とも部隊を引き上げると発表。これに対し、中国外交部は「撤退はインドのみであり、規模は縮小するものの、中国は警備を継続する」と発表。
2020年5月9日	シッキム州の国境付近で中印両軍の殴り合いによる衝突が発生。インド紙は、中印軍の総勢150名が関与し、中国側7名とインド側4名の計11名が負傷したと報道。
8月29日	インド軍、パンゴン湖南側の丘の2カ所の高地を奇襲占領。これに対し、中国人民解放軍はインド軍が占領した高地の下からマイクロ波の武器を使用したとの報道あり[57]。

インドの主張

　インドが主張する中印国境線は、いわゆるLAC（実効支配線：Line of Actual Control、現在中印が実際に支配している領域間の境界線）ではない。1962年の中印国境紛争以来インド側が主張してきた国境線は、

1、西北部方面では、LACを越えて、インドのジャム・カシミール州東方で現在中国が支配しているアクサイチンを含む領域と中国との境界線であり、

2、中北部方面では、インドが支配しているシッキムと中国領との境界線であるLAC（但し、シッキムについては2003年に中印両国がインド領とすることで合意）であり、

3、東北部方面でも、現在インドが支配しているアルナチャ

ル・プラデシュ州とその北方の中国領との境界である現在の
LACである。

　長年英国の植民地だったインドの現在の国境線の多くは英国
人が引いたものだ。具体的には、

1、西北部と西部方面では、現在直接中国とは関係がないが、
　1893年に当時のインドとアフガニスタンの国境を定めた「デ
　ュアランド・ライン」と、1947年にインドとパキスタンを分
　離した「ラドクリフ・ライン」が基本であり、

2、東北部方面では、1914年に当時のチベット政府と英領イン
　ド帝国の国境を定めた「マクマホン・ライン」がある。

　1947年の独立以来、インドは「国境は確定済」との姿勢を基
本的に崩していない。当時中国はインドとの国境画定に前向き
だったが、インド側の態度は中国が想像する以上に硬かった。
1954年、当時のネルー首相は中国と「平和共存五原則協定」に
署名したが、当時インドはこの協定により北中部だけでなく、
西北部カシミールと東北部アルナチャル・プラデシュを含め、
長い両国国境地帯の全ての国境が画定されたと考えていたよう
だ。

中国の反論

　中国側が主張する中印国境もLACとは異なっている。中国
の立場は、

1、インドから見て西北部方面では、現在支配するアクサイチ
　ンは中国領であり、

2、中北部では、シッキムがインド領であることを中国は認め
　た（2003年）ものの、

3、東北部では、マクマホン・ライン以南の現在インドが支配するアルナチャル・プラデシュも中国領、というものである。

そもそも、マクマホン・ラインはチベット系住民の分布領域より北方のヒマラヤ嶺線付近に引かれており、「チベットは中国の一部」と主張する中華民国、中華人民共和国両政府とも、そもそもマクマホン・ライン自体を中印国境とは認めてこなかった。なお、中国は中印国境紛争で、西北部アクサイチンの実効支配を確立する一方、東北部アルナチャル・プラデシュでは、一時全域を確保したものの、その後、一方的にマクマホンライン以北へ撤兵した経緯がある。

一方、現在の中国はインドとの国境画定に前向きであり、インドが占有する東北部アルナチャル・プラデシュと、中国が占有する西北部アクサイチンの実効支配の現状を互いに承認し合う、いわゆる「相互譲歩」パッケージによりインドと国境を画定することを働きかけているようだが、インドはこれに一切応じていない。

法的な議論

中印国境に関しては、国際法上確定した包括的合意は未だ存在しない。前述の通り、現時点での中印間の正式な合意は、2003年にバジパイ印首相と江沢民国家主席が合意した、中国によるシッキムのインド領承認とインドによるチベットの中国領承認のみである。

今後の見通し【以下は筆者の個人的な分析】

近い将来、中印が国境について合意する可能性は低い。理由

は現在のインドに「更なる対中譲歩」を行う余裕がないためである。外部から見れば、あれだけ広大な領土を持つインドなのだから、中国の提案した譲歩案を受け入れて、中印関係を安定させる方が得策だと考えがちだが、インド独立の経緯に鑑みれば、インドは既に十分以上の譲歩を行ったと考えているのだ。

インドから見れば、インドは国境線の多くを英国人に勝手に決められ、その後パキスタンに多くの領土を奪われ、更に中国にまで土地を奪われるという「悲劇の歴史」を背負っている。だからこそ、歴代のインド首相は領土問題は「既に解決済」と主張するのであり、これ以上「譲歩」することは国内政治的に難しいのだろう。

現在のLACが現実的な解決策の一つであることはインドも認識しているはずだ。だが、現時点で中国とLACに基づき「相互譲歩」する交渉を始めること自体、インドにとっては受け入れ難い「譲歩」となる。更に、中印国境紛争の本質がチベット問題であることに鑑みれば、この問題が近い将来解決する可能性は低いと言わざるを得ない。今後とも、LAC付近では、インドが「中国側の挑発行為」と呼ぶ散発的な衝突が続くのではなかろうか。

第九章

オーストラリアとの問題

基本中の基本

　オーストラリアと中国の関係が悪化している。豪州にとって中国は最大の貿易相手国であり、2018年には鉄鉱石や石炭など対中輸出が豪州輸出総額の3割を占めていた。ところが、最近は豪州野党議員の親共産党中国人富豪との癒着スキャンダル、香港での民主化運動弾圧、新型コロナウイルス問題などをきっかけに豪州内で反中感情が噴出し、アボット政権が中国の影響力拡大を抑え込む対策を打ち出したため、中国側が強く反発し現在に至っている。

中華人民共和国

面積	約960万平方キロメートル（日本の約26倍）
人口	約14億人
GPD	13.61兆ドル
兵力	総兵力推定約203.5万人 （陸軍約97.5万人、海軍約25万人、空軍約39.5万人、ロケット軍（戦略ミサイル部隊）約12万人、戦略支援部隊約14.5万人、その他約15万人）
国防費	約20兆2,881億円

オーストラリア連邦

面積	769万2,024平方キロメートル（日本の約20倍、アラスカを除く米とほぼ同じ）
人口	約2,565万人（2020年3月。出典：豪州統計局）
GPD	1兆3,871億米ドル（2019年、出典：IMF）
兵力	59,800名（陸軍30,800名、海軍14,700名、空軍14,300名（2019年2月現在））
国防費	約266億ドル

┃ 忙しい人用　1分で分かる中豪関係

　過去一世紀半のオーストラリアと中国との関係は紆余曲折に富む。19世紀中頃のゴールドラッシュ期には、金鉱地で反中国人金鉱夫の暴動が頻発したため、中国人移民制限措置が導入された。1901年、オーストラリア連邦成立後も長く白豪主義政策がとられ、対中警戒意識は1949年以来続いた長期保守連合政権

にも引き継がれた。

その後、豪州では中国が豪州産品の有望な輸出市場だとの認識が徐々に深まり、1972年12月、労働党政権が電撃的に対中国交回復を断行して以降は超党派の親中外交路線が確立、75年の保守連合政権、83年に労働党政権でも踏襲された。しかし、1996年の保守連合政権以降、豪州外交は対米同盟関係と対中資源輸出との狭間で是々非々の立場をとるようになった[58]。

2017年、豪州政府は14年ぶりで外交政策白書を改定、台頭する中国がインド太平洋地域で「米国の地位に挑戦している」と記し、日本やインドなどと連携を強化する方針を打ち出した。同白書はインド太平洋地域の安全保障をめぐり、米国の同盟国である日本や豪州、韓国が果たす役割の重要性を強調するなど、それまでの対中配慮政策を転換させている[59]。

これに対し中国側は、「オーストラリアの一部の人々は、中国への中傷や攻撃で反中感情を煽り、世間の注目を集め、中豪関係を害することに躍起になっている。我々は、オーストラリア側の一部の人々に対し、冷戦思考やイデオロギー上の偏見を捨て、在豪中国大使館・領事館の正常な職務遂行を政治化したり汚名を着せたりすることを止め、中豪関係に新たなトラブルや障害を生じさせないように求める」などと反論している[60]。

緊張が高まりつつあった中豪関係は、2020年4月、豪州が率先して新型コロナウイルス発生源をめぐる独立調査を国際的に呼び掛けるに至り、危機的状況に陥った。中国側は「豪州は米国の傀儡であり、豪州にいる中国人学生・観光客への人種差別的攻撃を止める十分な措置を講じていない」とまで主張[61]し、中豪関係は改善の目途が見えていない。

以上の通り、2014年までは豪州側の対中国前のめり姿勢が目立っていたが、モリソン政権になり、オーストラリアの対中姿勢は再び変わりつつあるように見える。豪州の戦略政策コミュニティー内では、中国の台頭、自己主張、覇権主義的振る舞いに鑑み、豪州の国益と価値観は貿易上の配慮に優先するとの認識が強まりつつあり、両国関係は冷え込んでいる。

▌もう少し詳しく知りたい人が読む部分

歴史的経緯

　歴史的に見ると、過去150年間、オーストラリアの対中観は警戒心と親近感の狭間で揺れ動いてきたようだ[62]。

1901年オーストラリア連邦の結成まで

　中国とオーストラリアの出会いは1850年代のゴールドラッシュ期に中国人金鉱夫がビクトリア植民地などに殺到したのが始まりといわれる。その後、治安悪化を恐れた植民地政府は中国人移民を制限するようになった。1901年に6植民地を統合してオーストラリア連邦が結成されたが、同連邦の移民政策も白豪主義の下で有色人種の移民を全面的に制限するものだった。

東西冷戦時代から対中国交正常化へ

　1949年以降もオーストラリアでは長期保守連合政権が続き、ベトナム戦争に派兵するなど反共産主義外交を推進した。しか

し、当時既にオーストラリア経済界、特に貿易関係者や農民は、日本に次ぐアジアの有望な輸出市場として中国を重視し始めており、1960年代後半には早くも対中国輸出が開始されている。

　こうした状況の下、1972年12月、ウイットラム労働党政権が対中国交正常化を行った。これ以降、オーストラリアの対外政策は親中外交路線が超党派のコンセンサスとなり、1975年の保守連合、1983年の労働党政権と政権交代はあったものの、対中政策については1990年代中頃まで、ほぼ一貫して豪中経済関係を重視する姿勢が維持されていた。

ハワード保守連合政権（1996−2007）

　ところが1996年に成立したジョン・ハワード自由・国民党両党保守連合政権は、前労働党政権とは異なり、当初は対米同盟を重視する伝統的外交路線に回帰し始めた。対中関係でも、1996年の台湾総統公選の際に空母を２隻派遣した米国を支持し、豪米安保共同宣言、ダライ・ラマとの会見、閣僚の台湾訪問などを次々と実施したため、中国はこれに強く反発した。

　豪中関係の将来に危機感を抱いたハワード首相は、江沢民主席との首脳会談、豪中防衛対話などを通じて対中関係改善に尽力し、その後は中国も豪州産天然ガスなどの大口買付契約に応じるようになった。豪中貿易は中国の経済成長に伴う旺盛な資源エネルギー需要に支えられて急速に拡大し、2007年には日本に代わって中国がオーストラリア最大の輸出市場となった。

　以上の通り、対中警戒感から始まったハワード政権の対中政策も、次第に対中資源輸出などの経済問題を対米同盟による安全保障問題と切り離すようになる。同政権は「豪州は米国の同

盟国であるが、ANZUS同盟は中国に向けられたものではない」
とする一方、豪中関係では経済分野を重視し、民主主義や人権
など両国で立場が異なる問題が経済関係を害さないよう努めた。

2003年以降、こうしたハワード政権の際立つ親中的姿勢が再
び軌道修正され、2006年には事務レベル級だった日米豪3国戦
略対話（TSD）を外相レベルに引き上げ、2007年2月には日
豪安保共同宣言発表、同年9月には初のTSD首脳会談開催な
ど、日米豪間の安全保障協力が進展し、安倍首相が提唱した日
米豪印4カ国戦略対話（QUAD）も始まった。

こうしたハワード政権の伝統的安全保障路線への回帰政策に
は、当時オーストラリアが極端な反中的政策を取らない限り、
中国も敢えて異論を唱えなかった。対米同盟を重視するハワー
ド政権も最終的には、米国との同盟か中国との貿易かという究
極の選択を巧みに回避し、外交における対米、対中関係を両立
させることにある程度成功したとも言える。

ラッド労働党政権（2007−2010）

2007年末の選挙では、外交官出身で中国語を流暢に操るケヴ
ィン・ラッドを首班とする労働党政権が誕生したため、豪中関
係が一層発展するとの期待が高まった。実際、ラッドは、首相
としての初外遊先に中国を選ぶ一方、日本を訪問先から外し、
日米豪印対話（QUAD）にも不参加方針を表明するなど、独
自の対中政策を実施し始めた。

しかし、中国側は逆に、ラッド首相に対する懸念を強めてい
った。2008年訪中した際にラッド首相が行った演説が中国側の
顰蹙を買い、2009年には中国アルミ公司が鉄鉱石世界2位の英

豪系鉱山会社リオ・ティント社に対し株式増資計画を仕掛けている。ラッド政権は次第に対中消極姿勢を取り始め、豪中関係はハワード政権初期以来最悪の状態に戻ってしまう。

　当初親中的だと期待したラッド首相率いる労働党政権がハワード前首相よりも中国に厳しい姿勢を示したことに中国側は強く反発した。しかし、最終的には資源エネルギーの安定共有先確保を優先した中国側が態度を和らげ、2009年10月には大型液化天然ガス供給契約が調印されるなど、両国関係はある程度修復された。

　2010年に入り、ラッド政権は内政で失策が続いたため支持率が急落した。6月には総選挙を前にラッドが党首の座から退き、代わってジュリア・ギラード政権が誕生した。しかし、中国に強い態度で臨む必要性を認識していたラッド自身は外相として閣内に残り、米国のアジア太平洋地域へのリバランス戦略を支持する政策を引き続き進めた。

　2011年11月にはオバマ米大統領が訪豪し、アジア太平洋地域で米国のプレゼンスを維持すること、その一環として将来2500名を目標にオーストラリア北部のダーウィンに米海兵隊を巡回配置するとともに、大陸北部・西部の基地への米軍の寄港を増やし、米豪での共同演習も重ねていくことなどが合意された。

　このように、ラッド首相・外相時代の労働党政権は、中国国営企業の自国鉱山への投資に一定の規制を課す一方、米国のアジアへの軍事的関与を強く支援するなど、対中関係では是々非々の姿勢を取り続けた。ここでも豪州は対中資源輸出の利益と安全保障面での対中警戒心の狭間で揺れ動いていたことが窺える。

ギラード労働党政権（2012−13年）

　2012年2月にラッド外相を解任したギラード首相は、安全保障分野よりも、中印などアジア諸国との経済関係強化に外交政策の重点を移すようになった。2013年4月には訪中し李克強首相と両国の「戦略的パートナーシップ」関係に加え、首脳会談、外相会談、経済相会談それぞれの年次開催にも合意した。しかし、同年7月には豪諜報機関の助言を受けてファーウェイの豪参入排除を決定するなど、同盟と経済のバランス維持に腐心していたようだ。

アボット保守連合政権（2013年−）

　2013年9月、トニー・アボットを首班とする保守連合政権が誕生した。同政権は前労働党政権とは異なり、日米豪「安全保障協力」重視を明確に表明している。特に、日本に対しアボット首相は「アジアで最善の友人は日本」「われわれは日本の強力な同盟国」といった発言を繰り返し、日本を支援する姿勢を明らかにした。

　2013年10月にワシントンで開かれた日米豪閣僚級戦略対話は、2009年以来初の開催となったが、同会談では「東シナ海の現状を変更する強要的一方的行動に反対する」旨の共同声明を採択した。ビショップ外相は翌月の中国による防空識別圏（ADIZ）の設定に対し、航行の自由というオーストラリアが信奉する価値に反する行為だとして、駐豪中国大使に強い反対の意を伝えている。

　それでも、日米豪の戦略連携を重視するアボット政権も発足当初は対中関係で微妙なバランスを保ち、2009年のラッド政権

時のような対中関係悪化を招かないよう努めていた。その意味
では同政権も、従来の歴代政権と同様、巧妙に対中関係を維持
しながら、「対米同盟」と「中国市場」のバランス維持に成功
しつつあるように見えた。

悪化する豪中関係[63]

　ところが、こうした関係は新型コロナ感染症の蔓延を機に再
び変化し始めた。2020年4月、豪州は新型コロナウイルスの発
生源をめぐる独立した調査を国際社会に呼び掛けたことをきっ
かけに、中国との関係が危機的状況に陥ったからである。

2020年4月	ペイン外相・モリソン首相、武漢におけるコロナウイルスの感染拡大への中国当局の初期対応などを調べる独立した検証作業の必要性を主張
年5月	中国、豪州産牛肉の輸入停止、大麦への追加関税措置、豪州への渡航自粛要請
6月13日	薬物密輸罪に問われ、7年前に逮捕されていた豪州人被告に死刑判決
6月19日	モリソン首相、豪政府機関・企業が数か月にわたり「国家に基づく洗練された者」からサイバー攻撃を受けたと発言。但し、中国外務省報道官は関与を否定。
6月11日	モリソン首相、中国による脅しや強要には「決して屈しない」と議会で表明
6月16日	ペイン外相、「いくつかの国が、自由民主主義を脅かし、それらの国々のより権威主義的なモデルを促進するためにパンデミックを利用しようとしている」と講演

6月30日	モリソン首相、香港の状況に「深刻な懸念」を表明し、香港との犯罪人引渡し条約を停止、香港住民の豪州への受け入れを検討、と表明
7月23日	グテーレス国連事務総長宛書簡で中国の南シナ海における領有権の主張に「法的根拠がない」との立場を表明
10月6日	東京で第2回日米豪印外相会合が開催され、4大臣は「自由で開かれたインド太平洋」を具体的に推進していくため、質の高いインフラ、海洋安全保障、テロ対策、サイバーセキュリティ、人道支援・災害救援、教育・人材育成を始め様々な分野で実践的な協力を更に進めていくこと、今後同外相会合を定例化することで一致した[64]。

豪州の主張[65]

　近年、豪州人の対中観には変化が見られる。例えば、豪ローウィー研究所の2020年年次世論調査によれば、「世界で中国が責任ある行動をすると信じている」と答えた者は2年前の52%から23%に、「習主席の国際問題に対応する能力を信頼する」との回答も2年前からほぼ半減し22%になったという。

　また、豪戦略政策研究所の研究者は、「豪政府は対中関係が恒久的に変わったと知っている」「豪州の戦略政策コミュニティー内で豪中関係が改善されるとは誰も考えていない」「中国は台頭しつつあり、主張を押し通し、世界秩序をひっくり返すために覇権国になることを目指している。豪州は今、それを止めるため自国の役割を果たす必要があると自覚している」と述

べている。

中国の反論[66]

　これに対し、中国政府や官製メディアは次の通り反論する。

○豪州は米国の傀儡であり、豪州にいる中国人学生・観光客への人種差別的攻撃を止める十分な措置を講じていない。

○一部メディアによる、総領事館とその職員が潜入活動を行っているという疑惑は、まったくのでっち上げであり、悪質な誹謗中傷である。オーストラリアの一部の人々は、中国を中傷したり攻撃したりすることで反中感情を煽り、世間の注目を集め、中豪関係を害することに躍起になっている。我々は、オーストラリア側の一部の人々に対し、冷戦思考やイデオロギー上の偏見を捨て、在豪中国大使館・領事館の正常な職務遂行を政治化したり汚名を着せたりすることを止め、中豪関係に新たなトラブルや障害を生じさせないように求める。

○1990年代に完成した在オーストラリア中国大使館の内部に、オーストラリア側は大量の盗聴器を仕掛けていた。盗聴器はほとんど全ての階の床板にあり、倉庫室も例外ではなかった。中国側が発表した1枚、1枚の写真を目の前にした今、他国の安全に脅威を与えているのはいったい誰なのかと、問いかけてみたい。

○豪州の一部反中政治家は、中国の感染症に対応する努力を悪意をもって中傷することから、いわゆる「中国の浸透」を誇張することまでの、中国脅威論をでっち上げることに夢中になっている

○オーストラリア戦略政策研究所は自らの独立性を強調してい

136

るが、実際には反中ロビー活動を行う組織であり、長年に渡り「中国の脅威」を誇張し、中国に「オーストラリアにとっての最大の戦略的脅威」というレッテルを張り続けてきた。そして、ASPIの背後にある最大の「金づる」はオーストラリア国防省だ。

法的議論[67]

2020年、オーストラリアは、最近の中国との外交関係の悪化を踏まえ、自国の国家安全保障を強化すべく、通信、エネルギー、テクノロジー、防衛機器製造の企業を対象に、外国からの投資案件審査を厳格化することを決めた。これに対し、中国商務省は、オーストラリアが計画中の外国投資法改正につき、その影響を見極め検証すると述べている。

今後の見通し【以下は筆者の個人的な分析】

以上の取り、豪州と中国の関係は決して単純ではない。程度の差はあるが、第二次大戦後の歴代豪州政権は、保守連立であれ、労働党であれ、常に米国等との安全保障上の利益と中国との経済貿易上の利益のバランスの維持に腐心してきた。しかし、実際には、経済と安全保障の両立は難しく、今後も豪州政府は様々な試行錯誤を繰り返していく可能性が高い。

また、安全保障と経済関係のバランスという点では、日本にも似たようなジレンマを感じている向きが少なくないだろう。日本と豪州では中国との物理的距離感にかなり違いがあり、豪州の経験全てが参考になる訳では必ずしもない。しかし、日本にとって豪州の対中国政策判断は決して対岸の火事ではないの

である。

総論：今の中国と1930年代の日本の比較

2020年の米大統領選挙は荒れに荒れたが、終わってみれば予想通りというか、バイデン候補が勝利した。トランプ候補が善戦したものの、前回とは異なり、各種世論調査の予測は概ね正しかったと言えよう。バイデン政権外交・安全保障チームの布陣は、概ね民主党主流の経験豊富な実務家たちであり、「ワシントンが戻って来た」との感を強くする。

　バイデン次期大統領は国際協調と同盟国重視を掲げている。政策決定過程も従来のオーソドックスな形に戻り、不確実性は減り、予測可能性が高まるだろう。それでは、対中政策はどうか。本書で詳しく述べてきた近年の中国による「自己主張」対外政策に鑑みれば、米国の対中政策がオバマ政権時代に戻ることはないだろう。筆者がこう考える理由は次の通りだ。

　「米国では過去5回『米国衰退論』が流行した」[60]という説がある。その5回とは1930年代の日独台頭期、1950年代末のスプートニク・ショック時代、1960-70年代の国内政治混乱期、1980-90年代の米国製造業凋落期と現在の中国台頭期だ。いずれも米国民は自信を喪失したが、その後見事に復活した。されば、今回の対中国競争時代も米国は必ず復活するのだという。

　米作家マーク・トウェインは「歴史は繰り返さないが韻を踏む」と書いた。過去の歴史が再びそのまま繰り返されることはないが、往々にして似たような事象が形を変えて再び起きる可能性はある、という意味だろう。現代の中国をめぐる東アジア情勢は1930年代と似ている。されば、今の中国を理解するためには1930年代の日本を知ることが必要ではなかろうか。

歴史的類似点

　筆者が考える1930年代と2020年代の類似点はこうだ。

　東アジアに強力な新興国が台頭する。その国民は現状を基本的に「不正義」と考え、その理不尽で、不公平、差別的な、西洋勢力によって作られた現状を変更したいと考える。そのためには、西太平洋における米国の海洋覇権に挑戦する必要がある。幸い米国の力は衰えつつある。

　今こそ、力による現状変更が可能だと判断し、それを実行に移そうと試みる。

　但し、その新興国の挑戦には一つだけ致命的な欠陥がある。それは、自由、民主、法の支配、人権、人道という普遍的価値に基づいた、開かれた国際秩序ではなく、同国一国だけに通用する価値と論理で、東アジア地域に閉鎖的で排他的な政治的領域を樹立しようとすることだ。これが1930年代の日本であり、その結果が1945年の敗戦だった、と筆者は考えている。

　まずは当時の歴史を振り返ろう。1930年、日本の濱口雄幸内閣は金輸出自由化に踏み切った。前年10月にニューヨーク株式市場で大暴落があったが、日本の金融界はこれ以上の遅延は許されないとして金解禁を支持した。その結果、投機筋の思惑買いによる円買いドル売りで巨額の金と正貨が国外に流出してしまう。当時関係者は何故それを予想できなかったのか。

　1931年、続く犬養毅内閣は金輸出を再び禁止し、インフレ策と不況対策で経済の立て直しにある程度成功した。ところが、同内閣が中国における軍部暴走を事実上黙認したこともあり、満州事変が勃発する。それにしても、当時の軍部は同事件の中長期的悪影響を何故見通せなかったのだろう。

1932年には五・一五事件で犬養首相が暗殺され、それ以降日本では政党内閣による統治が失われる。翌1933年にはドイツでナチス党が独裁権力を確立し、ヒトラーはベルサイユ条約を破棄してドイツの再軍備を宣言、国際連盟や国際労働機関からの脱退を実行する。それにしても、ドイツ国民はなぜあのような非人道的ナチス政権の誕生を許したのだろう。

　1934年には日本の帝国弁護士会がワシントン海軍軍縮条約廃棄を求めた。日本政府は同年12月に実際に廃棄を通告し、その後世界各地で軍拡競争が激化するようになった。それにしても、国際関係が専門ではない弁護士会が何故そのような要請を行ったのか。何故日本では今から見れば非合理な政治決断が何度も繰り返されたのか。

　1935年にはナチスドイツがユダヤ人の公民権を停止、36年には日本で二・二六事件が起きる。37年には日米間で日本製綿製品のダンピングを制限する日米綿業協定が締結されたものの、38年にはナチスドイツがオーストリアを併合、日本の帝国議会では国家総動員法が可決され、英仏伊独はチェコスロバキア帰属問題に関してミュンヘン協定を締結する。

　追加的領土要求を行わない旨の約束の代償としてヒトラーの要求を全面的に認めたミュンヘン協定は、第二次世界大戦勃発前の対独宥和政策の典型だった。当時のチェンバレン英内閣は何故ヒトラーにもっと圧力を掛けなかったのか。そして、39年、遂にドイツとロシアがポーランドに侵攻し、第二次世界大戦が勃発した。もうこのくらいで良いだろう。

　英国の作家でノーベル平和賞を受賞したノーマン・エンジェルは1913年に名著「大いなる幻影」を書き、その中で「欧州諸

国経済間の相互関係はあまりに密接であるため、戦争は完全に無益であり、軍国主義などは時代遅れである」と述べた。エンジェルの主張は間違っていたが、約一世紀後の今も、欧米で似たような主張が繰り返されるのは決して偶然ではない。

中国の「満州事変」と「リットン調査団」

　話をアジアに戻そう。2015年5月、中国が南シナ海に巨大な「人工島」や「滑走路」を建設し始めたと聞いて、筆者はとっさに「これは中国にとっての"現代の満州事変"だ」と直感した。南シナ海の大半は「古代からの中国の領土」だと主張する中国に対し、2013年にフィリピンが異を唱えた。国際仲裁裁判所はフィリピン側の主張を殆ど認め、「中国が主張する歴史的権利に法的根拠はない」と判断した。中国の国際的面子は丸潰れである。

　この裁判所の判断も、中国にとって「現代のリットン調査団報告書」になると筆者は直感した。リットン報告書とは「柳条湖事件」が起きた翌年の1932年、当時の中華民国の提訴と日本の提案により国際連盟が派遣した調査団が、3カ月の現地調査を経て提出した報告書だ。

　正式名称は「国際連盟日支紛争調査委員会報告書」である。

　日本側への配慮も一部見られるが、基本的には「柳条湖事件における日本軍の活動は自衛とは認められず、満州国の独立も自発的とはいえない」と決めつける内容だった。当然、日本は強く反発し、翌年には国際連盟を脱退。日本の国内世論は拍手喝采したという。

　日本はリットン調査団の派遣が決まった後、急いで「満州国」

を建国した。中国の「人工島」と同様、既成事実を積み重ねようとしたのだろう。あの時、日本の政策決定権者が対外政策の戦略的見直しを断行し、日本の満州政策を対米協調を重視するものに転換することが出来たら、その後の歴史は変わっていたかもしれない。勿論、歴史にifは禁物なのであるが。

米中覇権争いの始まり

それでも、マーク・トウェインが言ったように、もし歴史が押韻し1930年代の歴史の教訓が2020年代の東アジアの混乱を回避するヒントとなる可能性があるならば、この二つの時代を様々な角度から比較する価値はあるだろう。筆者が考える両者の類似点と相違点は概ね次のとおりである。

①民族主義的新興国の台頭

独裁に近い政治体制、民族主義的大衆迎合主義、軍事力の増強など、多くの分野で1930年代の日本と現代の中国には類似点がある。勿論、イデオロギー的に両者は真逆かもしれないが、西洋的なものを拒絶する感情は、その盟主が誰であり、日中は共通している。トランプ氏であればこれを「東アジア第一」主義とでも呼ぶだろう。

②「不正義」という現状認識

日中いずれも、現状は理不尽、不公平、差別的であり、西洋勢力によって作られた現状を変更したいと考える。日本の場合、念頭にあったのは開国以来の条約改正問題と西洋諸国のアジアに対する人種的、文化的差別意識だった。これに対し、西欧列強の植民地支配を受けた中国も、現在の欧米中心の国際秩序は対中差別であるとして、これに強く反発している。

③米国衰退論

　興味深いのは、日中両国とも「現在米国は弱体であり、衰退している」という前提で政策を立案・実行していることだ。このことと、本章の冒頭で紹介した米国史上5回の「米国衰退論」の第一回目が対日本であり、第五回目が対中国であることは、無関係ではなかろう。1930年代以降米国は復活したが、2020年代以降に米国の復活はあるのだろうか。

④米国の海洋覇権への挑戦

　日中とも、「幸い今や米国の力は衰えつつある。今こそ西太平洋から米海軍を駆逐し現状を変更することは可能であり、この機会を逃せば永久にチャンスはない」と判断した可能性がある。しかし、問題の本質は日中の判断よりも、米国の対応だ。米国がこの種の挑戦に心底から恐怖を感じた場合、これまでであれば、その挑戦者を全力かつ徹底的に破壊してきたからだ。

何故中国は妥協しないのか

　1930年代、日本は妥協できなかった。その理由としては内閣総理大臣の権限が弱く、政策決定過程が不透明であり、かつ国民の民族主義的感情もあったことが挙げられよう。更に1930年代後半以降は、いわゆる「ABCD包囲網」などの欧米側の対抗策が効き始め、日本として米国等と政治的に妥協する余地やタイミングが失われていったことも大きかった。

　現在の中国も似たような環境に置かれつつある。中国が妥協を拒絶する理由としては、中国の国力が米国を超えつつあるという強烈な自信、米国との妥協を嫌う一般大衆の民族主義的熱情、習近平国家主席個人の強い性格などが考えられよう。しか

し、最大の理由は、戦前の日本と同様、自由民主主義制度の欠如により権力の抑制と均衡が機能しないためではないか。

日中関係は従属変数

このまま中国は1930年代の日本と似たような末路を辿るのか。それとも、今回は米国の弱体化が不可逆的なものであり、米国による対中国抑止が機能せず、中国による新たな国際秩序の再構築に向かうのか。本書の性格に鑑み、これ以上の価値判断を下すことは現時点では差し控えたいが、一点だけ日本との関連で注意すべきことがある。

それは、中国政府にとって最も戦略的に重要な対外関係が米中関係であり、日中関係はあくまで米中関係の「従属変数」だという事実である。極端なことを言えば、中国にとって米中関係が良好であれば、日中関係を改善する理由などない。米中関係が悪化しつつあるからこそ、日米間に楔を打つため日中関係を改善しようとするのである。

ここで注意しなければならないことは、そのような中国の対日関係改善はあくまで戦術的なレベルに止まることだ。尖閣の領有権や歴史問題など戦略的な問題で中国が対日譲歩する意図は全くない。この点を読み誤ると、日本は大火傷を負うことになる。その意味でも、米中関係の行く末は、日本と日本人にとって極めて重大な関心事であり続けるだろう。

脚注

1　日本外務省「尖閣諸島について」（2015年３月）p.2
　　https://www.mofa.go.jp/mofaj/area/senkaku/pdfs/senkaku.pdf
2　中国国家海洋情報センター「釣魚島に関する中国政府の基本的主張」
　　http://www.diaoyudao.org.cn/jp/index.htm
3　日本外務省「尖閣諸島について」（2015年３月）p.3
　　https://www.mofa.go.jp/mofaj/area/senkaku/pdfs/senkaku.pdf
4　日米共同声明：アジア太平洋及びこれを越えた地域の未来を形作る日本と
　　米国（平成26年４月25日）
　　https://www.mofa.go.jp/mofaj/na/na1/us/page3_000756.html
5　海上保安レポート2017
　　https://www.kaiho.mlit.go.jp/info/books/report2017/html/tokushu/
　　toku17_01-5.html
6　日米共同声明：アジア太平洋及びこれを越えた地域の未来を形作る日本と
　　米国（平成26年４月25日）
　　https://www.mofa.go.jp/mofaj/na/na1/us/page3_000756.html
7　外務省「尖閣諸島についての基本見解」
　　https://www.mofa.go.jp/mofaj/area/senkaku/kenkai.html
8　国家海洋情報センター「釣魚島に関する中国政府の基本的主張」
9　日清戦争のこと。狭義には1894年２月、朝鮮半島で起きた農民反乱を指し、
　　「甲午農民戦争」、「東学の乱」とも呼ばれる。
10　1975年10月、日中平和友好条約交渉をめぐる国会審議における宮沢喜一外
　　相答弁
11　中華人民共和国領海及び接続水域法（1992年２月25日）第２条
　　http://www.diaoyudao.org.cn/2015-02/15/content_34829763.htm
12　中国国家海洋情報センター「釣魚島に関する中国政府の基本的主張」
　　http://www.diaoyudao.org.cn/jp/index.htm
13　Michael R. Pompeo, "U.S. Position on Maritime Claims in the South China
　　Sea," July 13, 2020
　　https://www.state.gov/u-s-position-on-maritime-claims-in-the-south-china-
　　sea/
14　日本外務省「尖閣諸島について」（2015年３月）p.3
　　https://www.mofa.go.jp/mofaj/area/senkaku/pdfs/senkaku.pdf
15　海上保安レポート2017
　　https://www.kaiho.mlit.go.jp/info/books/report2017/html/tokushu/
　　toku17_01-5.html

16 スプラトリー諸島の中の最も大きな島であるItu AbaIsland（太平島）

17 MITのFravelが指摘した「遅延戦略(delaying strategy)」とほぼ同義。(M. Taylor Fravel, "China's Strategy in the South China Sea", Contemporary Southeast Asia, 33:3, 2011)

18 中国の領海法については
http://www.geocities.jp/ps_dictionary/c/csea.htm
該当する原文は以下の通り。中华人民共和国领海及毗连区法 【颁布单位】全国人民代表大会常务委员会 【颁布时间】1992-2-25
第二条 中华人民共和国领海和邻邦接中华人民共和国陆地领土和内水的带海域。中华人民共和国的陆地领土包括中华人民共和国大陆及其沿海岛屿、台湾及其包括钓鱼岛在内的附属各岛、澎湖列岛、东沙群岛、西沙群岛、中沙群岛、南沙群岛以其他一切属于中华人民共和国的岛屿。中华人民共和国领海基线向陆地一侧的水域为中华人民共和国的内水。

19 2002年11月、ASEANと中国の首脳会議で署名された、南シナ海における問題を解決する際のおおまかな原則を明記した政治宣言。しかし、より具体的な行動を定め、かつ法的拘束力を有する「行動規範」の策定に向けた作業は進展していない。
http://www.clearing.mod.go.jp/hakusho_data/2010/2010/html/m1254000.html

20 Enhanced Defense Cooperation Agreement (EDCA)

21 http://www.mod.go.jp/asdf/meguro/center/AirPower3rd/121ap3.pdf

22 パラセル諸島のトリトン島・ウッディ島周辺海域では2016年10月にも「航行の自由」作戦が実施されたが、その際は12海里内航行ではなかった。

23 https://www.scmp.com/news/china/military/article/3110262/us-bombers-enter-chinas-adiz-pla-navy-mounts-massive-exercises

24 南シナ海仲裁裁判所の裁定：その注目点と今後の課題　上野英詞,日本安全保障戦略研究所 上席研究員
https://www.spf.org/oceans/analysis_ja02/b160901.html

25 日本ウイグル連盟「東トルキスタンの歴史」
http://uyghurjapan.org/jp/category_east_turkistan/history_et/

26 国務院新聞弁公室「新疆の若干の歴史問題」白書（2019年7月21日）
http://www.scio.gov.cn/ztk/dtzt/39912/41087/41089/Document/1660017/1660017.htm
http://j.people.com.cn/n3/2019/0722/c94474-9599237.html

27 日本ウイグル連盟「東トルキスタンの歴史」
http://uyghurjapan.org/jp/category_east_turkistan/history_et/

28 中国国際放送「いわゆる新疆の「人権問題」とは政治目的のデマだ」（2020

年 3 月13日）

http://japanese.cri.cn/20200313/7e8e677d-1b69-8511-a07e-720fec364d02.
html

29 BBC「英外相、中国がウイグル人に「おぞましい」人権侵害と非難」（2020
年 7 月20日）

https://www.bbc.com/japanese/53468404

30 https://www.congress.gov/bill/116th-congress/senate-bill/3744

32 国務院新聞弁公室「新疆の職業技能教育訓練活動」白書（2019年 8 月16日）

http://www.scio.gov.cn/zfbps/ndhf/39911/document/1662044/1662044.
htm

http://j.people.com.cn/n3/2019/0816/c94474-9606781.html

33 Vice President Mike Pence's Remarks on the Administration's Policy
Towards China, Oct. 4, 2018など

https://www.hudson.org/events/1610-vice-president-mike-pence-s-
remarks-on-the-administration-s-policy-towards-china102018

34 白書「中米経済貿易摩擦に関する事実と中国の立場」（2018年 9 月24日中国
国務院新聞（報道）弁公室）

http://jp2.mofcom.gov.cn/article/chinanews/201810/20181002794380.shtml

35 中国GDPの推移

https://www.google.com/search?q=%E4%B8%AD%E5%9B%BD%E3%81%
AEgdp%E6%8E%A8%E7%A7%BB&oq=%E4%B8%AD%E5%9B%BD%E3
%81%AEGDP&aqs=chrome.1.69i57j0l7.9103j0j7&sourceid=chrome&ie=U
TF-8

36 National Security Strategy of the United States December 2017

https://www.whitehouse.gov/briefings-statements/president-donald-j-
trump-announces-national-security-strategy-advance-americas-interests/

37 中国製造2025

中国政府は、これまでの安価で豊富な労働力を基盤とする労働集約型の産
業から、新たな経済成長の原動力となるより高度な産業を育成することを
国家の戦略目標として打ち出している。10年に 7 つの「戦略的新興産業」
4 の育成計画を策定したのに続き、15年 5 月には「中国製造2025」を策定
した。「中国製造2025」では、中国の製造業の現状を、規模は大きいものの、
イノベーション能力、品質等は世界の先進レベルと比べるといまだに後れ
を取っているとしている。そうした認識の下、製造大国から製造強国への
転換を目指し、特に、イノベーション能力向上等 9 つの重点戦略や、とし
て、次世代情報技術やロボット等の10の産業を重点的推進分野として挙げ、
それらの支援策を示している。

38 ただし、既存のネットワーク及び機器の継続的運用等に必要な取引については、2019年5月20日、90日間の猶予期間が設けられた。その後、猶予期間は3回にわたり延長されている。

39 「米中経済貿易協議に関する中国の立場」白書　国務院新聞弁公室　2019年6月2日
http://www.china-embassy.or.jp/jpn/zgyw/t1672932.htm　但し、この翻訳は不正確なので、日本語版はジェトロ作成の報告書を参照した

40 焦点：汚職容認に借金漬け、アフリカ支援批判に中国が反撃　（ロイター、2018年9月6日）
https://fr.reuters.com/article/china-africa-idJPKCN1LM0JJ

41 同上

42 コロナ下のアフリカ債務救済、中国どうする（WSJ、2020年4月20日）
https://jp.wsj.com/articles/SB1089420882713620430860458633066166465869 4

43 中国の対外援助・南南協力と国際債務－世銀2021債務報告の衝撃　坂本正弘　国際金融　1338号（2020. 11. 1）

44 ジェトロ・ビジネス短信
https://www.jetro.go.jp/biznews/2020/06/9db05309da1a515a.html

45 中国の対外援助・南南協力と国際債務－世銀2021債務報告の衝撃　坂本正弘　国際金融　1338号（2020. 11. 1）

46 香港政府発表の原文
https://www.gld.gov.hk/egazette/pdf/20202444e/cs220202444136.pdf
同英語版　http://www.xinhuanet.com/english/2020-07/01/c_139178753.htm
毎日新聞「中国「香港国家安全維持法」全文　新華社通信配信」 https://mainichi.jp/articles/20200714/k00/00m/030/141000c

47 中華人民共和国駐日本国大使館「香港国家安全立法について知っておくべき六つの事実」（2020年6月10日）
http://www.china-embassy.or.jp/jpn/zgyw/t1788307.htm

48 米国務省・香港自治法に基づく報告書2020年10月14日
https://hk.usconsulate.gov/n-2020101402/

49 https://ja.wikipedia.org/wiki/%E8%8B%B1%E4%B8%AD%E5%85%B1%E 5%90%8C%E5%A3%B0%E6%98%8E

50 国務院台湾事務弁公室「一つの中国の原則と台湾問題」（2000年2月21日）
http://www.gov.cn/test/2006-02/28/content_213366.htm
日本語訳は　http://j.people.com.cn/special/taiwan/home.htm

51 フォーカス台湾「台湾、「一国二制度拒否」表明　習氏の重要講和1年」

（2020年1月3日）
http://japan.cna.com.tw/news/achi/202001030005.aspx
52 日本国際問題研究所「台湾問題についての日本の立場」（2007年10月24日）
https://www2.jiia.or.jp/RESR/column_page.php?id=141
53 台湾関係法原文　http://www.taiwandocuments.org/tra01.htm
54 https://ja.wikipedia.org/wiki/%E5%8F%B0%E6%B9%BE
55 台湾問題についての日本の立場－日中共同声明第三項の意味－栗山尚一（元駐米大使）　https://www2.jiia.or.jp/RESR/column_page.php?id=141
57 香港明報　中国人民大学国際関係学院副院長の金燦栄教授の発言（2020年11月16日）　http://www.mingshengbao.com/van/article.php?aid=743231
58 日本国際問題研究所「オーストラリアの対中アプローチ」（2015年3月）「主要国の対中認識・政策の分析」
http://www2.jiia.or.jp/pdf/resarch/H26_Views_and_Policies_vis-a-vis_China/09-fukushima.pdf
60 中国外交部　中豪関係に新たなトラブルを生じさせないよう要求　http://japanese.cri.cn/20200916/13c4bb79-c690-b365-ae84-dd986556bf02.html
62 中豪関係については日本国際問題研究所「オーストラリアの対中アプローチ」福嶋輝彦論文（2015年3月）が極めて参考になる
http://www2.jiia.or.jp/pdf/resarch/H26_Views_and_Policies_vis-a-vis_China/09-fukushima.pdf
63 笹川平和財団「ポスト・コロナの豪中関係」（2020年8月13日）
https://www.spf.org/iina/articles/satake_02.html
64 第2回日米豪印外相会合に関する外務省報道発表（2020年10月6日）
https://www.mofa.go.jp/mofaj/press/release/press6_000682.html
65 ブルームバーグ「豪州の対中意識に変化　モリソン首相は報復恐れず中国に対抗へ」（2020年7月15日）
https://www.bloomberg.co.jp/news/articles/2020-07-17/QDLAM4T0G1L801
66 中国国際放送「豪が称する「中国の人質外交」は全くのでたらめ」（2020年9月10日）
http://japanese.cri.cn/20200910/8e18a97d-10d8-a7d8-8da2-f2706ae4a54f.html

中国国際放送「外交部　中豪関係に新たなトラブルを生じさせないよう要求」（2020年9月16日）
http://japanese.cri.cn/20200916/13c4bb79-c690-b365-ae84-dd986556bf02.html

参考：ASPIに関する中国国際放送報道「豪政治家は「反中妄想」の持ち主だ」（2020年7月4日）

http://japanese.cri.cn/20200704/a62ecac1-a5f7-4734-bfa8-8b76d426ffc5.html

67 WSJ「豪州が海外からの投資規制強化、中国の影響増大を懸念」（2018年2月2日）

https://jp.wsj.com/articles/SB12800576600084594120404584019253115174442

【著者】宮家　邦彦（みやけ　くにひこ）

神奈川県生まれ、東大法卒、在学中に中国語を学び、米国留学後、1977年に台湾師範大学で短期語学留学、78年外務省入省後、エジプトでアラビア語研修、中近東第一課、外務大臣秘書官事務取扱（安倍晋太郎、倉成正、宇野宗佑、各外務大臣）、北米局安全保障課、在米国大使館一等書記官、中東第二課長、中東第一課長、日米安全保障条約課長、在中国大使館公使、在イラク大使館公使、イラクCPA（連合国暫定当局）出向、中東アフリカ局参事官を経て05年8月外務省退職、外交政策研究所代表に就任。2006-7年安倍内閣で公邸連絡調整官、現在内閣官房参与（外交）、立命館大学客員教授、キヤノングローバル戦略研究所研究主幹。趣味はテナーサックス、バンド演奏。

中国が抱える9つの国際問題

2021年3月20日　初版第1刷発行

著　者	宮　家　邦　彦
発行者	中　野　進　介

発行所　　㈱ビジネス教育出版社

〒102-0074　東京都千代田区九段南4-7-13
TEL 03(3221)5361(代表)／FAX 03(3222)7878
E-mail▶info@bks.co.jp　URL▶https://www.bks.co.jp

印刷・製本／モリモト印刷株式会社
ブックカバーデザイン／飯田理湖　本文デザイン・DTP／株式会社明昌堂
落丁・乱丁はお取替えします。

ISBN 978-4-8283-0871-5